仕事がはかどる ケアマネ術 シリーズ ②

改訂版

これでバッチリ！
生活保護
―利用者サポートのための連携と手続き―

監修　六波羅詩朗

第一法規

はじめに

　介護保険制度は、わが国の社会保険制度では最も新しく、高齢者の老後生活を保障することを目的とした制度です。介護が必要な状態にある高齢者に対して、介護支援専門員（以下「ケアマネジャー」という。）によってサービス提供・調整を行うことが、制度の特徴です。ケアマネジャーと一言でいっても、看護師や保健師、理学療法士などのいわばコメディカルの専門職、社会福祉士や介護福祉士などの福祉領域の専門職など、その背景に持つ専門性は多様です。

　生活保護受給者は年々増加傾向にあり、高齢者世帯の受給率は5割に近づきつつあります。また、この傾向は高齢者夫婦世帯から単身世帯へと移行しつつあり、単に生活に困窮するというだけでなく、地域や近隣との関係をうまく結べない状況の中で多様な生活問題を抱えていることが多くあります。

　このような低所得・貧困問題を抱えた高齢者への支援は、ケアマネジャーにとっても深刻な問題となって現れています。特に、低所得・貧困問題を抱えた高齢者への支援は、生活保護制度と密接に関わるだけではなく、公的機関である福祉事務所やその職員（生活保護担当ケースワーカー）との情報交換や連携なくしては仕事が進まないことです。さらに、生活保護制度の理解や手続きが分かりにくいなど様々な疑問がケアマネジャーから多く聞かれます。

　本書は、生活保護制度について、解説編のStep 1でその制度の全体像を理解できる解説を、Step 2では生活保護制度の考え方、制度の仕組み、特に医療や介護との関わりを具体的に例示しています。さらに、ケーススタディ編では、生活保護受給世帯への支援と介護保険サービスの適用を検討する上で必要な知識や給付管理上の課題、制度の手続きの進め方など、実際にケアマネジャーが悩んでしまうような内容を、4つの事例を取り上げ、支援のプロセスを念頭に置きながら、できるだけ具体的に説明しました。そして今回、近年の制度の改正を踏まえて内容を改訂しています。特に、生活保護法とともに、低所得者対策として新たに「生活困窮者自立支援法」について説明を加えています。また、事例についても、事例の変更や障害者総合支援法との関係を加味した修正を行いました。多くのケアマネジャーの皆さんに、生活保護の理解や高齢者支援の実践に本書を役立てていただければと考えます。

　最後に、本書の執筆の分担をお願いした金子充氏、中村孝幸氏、久田はづき氏の制度解説や事例の具体的な部分が、本書の大きな特長であると自負しています。さらに、各執筆者の事例内容の調整など、第一法規編集部の朝倉未緒さんにもお礼を申し上げます。

2019年8月

六波羅詩朗

目次

はじめに

■解説編

Step 1　社会保障制度と高齢者の生活保障 …………………………… 8
1　社会保障制度の役割と生活保護制度　8
　（1）社会保障制度の果たす役割　8
　（2）社会保険の役割と特徴　11
　（3）「公的扶助」としての生活保護制度　12
2　生活保護受給者の増加と高齢者支援　13
　（1）現代社会における高齢者の現状　13
　（2）生活保護の動向と高齢者世帯の推移　15
　（3）生活保護における支援者としての
　　　「ケースワーカー」と「ケアマネジャー」の関係　19
3　生活保護高齢者への支援者としてのケアマネジャー　21
　（1）地域包括ケアシステムと高齢者支援　21
　（2）連携を重視したケアマネジャーの役割　22

Step 2　生活保護制度とは ……………………………………………… 26
1　生活保護制度の歴史　26
2　生活保護制度の目的と仕組み　27
　（1）生活保護の基本原理　28
　（2）生活保護の基本原則　30
コラム　生活保護の用語の定義　30
3　生活保護の種類と内容　32
　（1）生活保護における扶助の種類と方法　32
4　生活保護の決定過程と保護の実施　35
　（1）保護の決定過程　35
　（2）被保護者の権利と義務　38
　（3）保護の運営実施と財政　39

5　生活保護についての相談機関と連携のポイント　40
　（1）福祉事務所　40
　（2）生活保護ケースワーカー　43
　（3）社会福祉協議会　45
　（4）民生委員　49
　（5）利用者家族との関わり　50
コラム　医療扶助の実施と指定医療機関　52
コラム　介護扶助の仕組み　58

Step 3　生活保護以外の制度の活用 ……………………………………… 72
1　障害福祉・医療に関する制度　72
　（1）障害者総合支援法による障害福祉等サービス・自立支援医療　72
　（2）医療保険による高額介護合算療養費　75
2　生活困窮者自立支援制度　76
　（1）生活困窮者自立支援制度とは　76
　（2）事業の内容　76
3　生活福祉資金貸付制度　79
　（1）生活福祉資金貸付制度とは　79
　（2）貸付の内容　80

■ケーススタディ編
Case 1　利用者から介護サービスを止めたいと相談された場合、
　　　　サービスを中止せずにどのように支援できる？ ……………… 82
Case 2　生活保護受給者が介護保険サービスを利用する場合の
　　　　連携と手続きは？ ……………………………………………………… 91
Case 3　生活保護受給者の暫定ケアプランはどうするの？ ………… 110
Case 4　生活保護受給者が65歳になり、障害福祉等サービスから
　　　　介護保険サービスへ移行する場合の手続きは？ ……………… 121

監修者・著者紹介 ……………………………………………………………… 130

解説 編

Step 1 社会保障制度と高齢者の生活保障

　ここでは、生活保護制度がわが国の社会保障制度の重要な位置を占めていること、さらに生活保護を受給している高齢者の状況について解説しています。また、日常的な相談や支援を担当する社会福祉主事（ケースワーカー）と介護保険を担当するケアマネジャーとの連携がどのように進められるべきかを説明し、地域包括ケアシステムの必要性について述べています。

1 社会保障制度の役割と生活保護制度

(1) 社会保障制度の果たす役割

　わが国の社会保障制度の体系は、日本国憲法の理念と密接に関わっており、第25条の「生存権と国の保障義務」を基本に、第13条の「幸福追求権の尊重」、第14条の「法の下の平等」といった理念のもとに位置付けられています。
　第25条の「生存権、国の生存権保障義務」は以下のとおり定められ、後に述べる公的扶助としての生活保護制度の基本理念として位置付けられています。

> ①すべて国民は、健康で文化的な最低限度の生活を営む権利を有する。
> ②国は、すべての生活部面について、社会福祉、社会保障及び公衆衛生の向上及び増進に努めなければならない。

　また、第13条の「個人の尊重、生命・自由・幸福追求の権利の尊重」では以下のとおり定められており、これは、社会保障の基本的理念であるとと

もに社会福祉の考え方の基盤となっているものです。

> すべて国民は、個人として尊重される。生命、自由及び幸福追求に対する国民の権利については、公共の福祉に反しない限り、立法その他の国政の上で、最大の尊重を必要とする。

さらに、第14条の「法の下の平等、貴族制度の否認、栄典の限界」では以下のように定められ、一人の人間として、平等に生活を保障されなければならないという意味であり、社会保障の根幹に関わる内容です。

> ①すべて国民は、法の下に平等であつて、人種、信条、性別、社会的身分又は門地により、政治的、経済的又は社会的関係において、差別されない。

これらの内容は、憲法解釈の範囲内で、社会保障（社会福祉）制度に関する法律は、時代と文化的背景、財政状況に合わせて、新たな法律やこれまでの制度が時代状況に応じて細かく改正され、社会保障制度の体系として国民の生活を支えています。

社会保障制度の体系を簡単に整理すると、以下のようになります。

公的扶助制度	一般に「生活保護法」による所得保障を指す。財源は租税によるものとされ、対象となる人を資力調査（Means Test）により査定して決定する仕組み。
社会保険制度	現在の国民皆保険・国民皆年金体制（医療保険、年金保険、労災保険、雇用保険、介護保険など）を基盤とした社会保険制度を指す。国などを保険者として、保険の技術を用いて画一的な給付を行う。
社会福祉制度	いわゆる福祉6法といわれている児童福祉法、身体障害者福祉法、知的障害者福祉法、老人福祉法、母子及び父子並びに寡婦福祉法、生活保護法などを指す。対人サービスを在（居）宅や入所施設などの場所で提供する。多くの場合、人が介在することで利用者に福祉サービスの保障をする仕組みが共通の特徴。
公衆衛生及び医療	他の3つの制度体系と少し異なるが、国民が健康に生活をする上で一般の疾病とは違う、伝染病などの防疫的内容を含む予防・衛生・保健に関わる従事者、専門機関、システムの運用に関わっている。

社会保障制度における各種の法体系及び枠組みは、1950（昭和25）年に、当時の「社会保障制度審議会」によって示された勧告をもとにしたもので、何度かの組み替えをしてきたものの、公的扶助、社会保険制度、社会福祉制度、公衆衛生及び医療という基本的内容は変わっていません。その他広義に戦争犠牲者援護等を含める場合もあります。

　前頁の4つの社会保障制度の体系全体が、国民の生活にどのような機能を果たしているのかを3つに整理してまとめておきましょう。

生活安定・向上機能	人間が生活をしていく一生のうちで様々なリスクに直面したときに、一人ひとりの国民の生活を安定させる役割を担っている。具体的には、病気やけがなどに対応する医療制度、退職後の老後生活を保障する年金制度など、人生のライフサイクルなどに関わって生活の保障を支える機能。
所得再分配機能	社会全体で相対的に所得の低い人の生活を全体で支える機能。典型的なものとして所得の高い人から所得の低い人に対して、税金によって再分配をする生活保護制度があるが、年金のように世代間で所得の再分配をする方法もこの機能に含まれる。
経済安定機能	経済変動による国民生活への影響を緩和し、経済成長を支える機能。例として、雇用保険制度のように、失業中の経済生活を支えるなどの経済的安定を図るというものが挙げられる。

　このような3つの機能は、それぞれがばらばらに機能するのではなく、相互に関連し合いながら、社会保障のシステムの一環としてその機能を発揮することによって大きな効果をもたらすといえます。
　以上のように、社会保障制度の体系の全体像をもとに、その機能をまとめてきました。その中でもとりわけ重要なものが、「社会保険」と「公的扶助」と呼ばれるものです。どちらも前述の憲法第25条の理念に基づく制度ですが、その基本的内容や制度の体系、さらに運用方法には大きな違いがあります。以下ではその違いについて具体的に整理していきたいと思います。

(2) 社会保険の役割と特徴

 既に述べてきたように、社会保障制度の一つの方式が、社会保険という考え方による制度運営です。社会保険の基本的特徴は、国民全てが社会保険方式による制度に加入し、原則として「保険料」の負担を行うことを前提としていることです。このスタイルが社会保険制度の基本であり、「保険料の拠出」に基づいて、制度から必要に応じて「給付」（この場合の給付には、「現物給付」という方式もあれば、「現金給付」という方法もある。）を受けることができます。

 「社会保険」方式による制度としては、年金保険、医療保険、雇用保険などが代表的な例として挙げられます。これらの保険制度は、国民の誰もが陥る生活上の諸困難が生じたときに利用できるというリアリティを持っています。例えば、疾病、死亡、失業、老齢という誰にでも起こりうる、あるいはあらかじめ予想できる生活困難をいい、これを社会保険では生活上のリスク（保険事故）と呼んでいます。このような問題を社会全体の問題としてとらえ、国民全体での制度的な助け合いを前提に、国家がバックアップして生活の保障を行うシステムが「社会保険」といえるでしょう。したがって、全ての国民が社会保険制度に加入できるようにするために、所得が少なく保険料の負担が困難である人に対して、保険料を一時的に免除・減免することで、個々人の所得の多寡を考慮に入れた保険料の設定がされているのです。このような手法は、先に社会保障制度の機能として述べた「所得の再分配」として、国民の経済的負担のバランスをとることによっても実現されることになります。

 社会保険制度の種類には、経済的に安定した老後生活のみならず、主たる稼得者の死亡や障害といった部分まで保障の範囲に含まれる「年金制度」、家族の疾病による治療費負担の軽減や、場合によっては、仕事の中断による休業保障を含めた「医療保険制度」、企業等に雇用されている人が失業した場合の生活保障や再就職のための職業訓練の費用を保障する「雇用保険制度」などがあります。そして、現在の社会保険制度の中で最後に作られた「介護

保険制度」は、加齢に伴う要介護状態になっても自立した生活ができるように、必要な介護サービスを利用することができる制度としての役割を担っています。社会保険制度は、国民のライフサイクルに応じた各種の社会生活上のリスクに対して給付を行うことにより、国民生活にはなくてはならない制度として、私たちの生活を支える役割を担っているのです。

(3) 「公的扶助」としての生活保護制度

　社会保障制度の体系における社会保険制度は、前述のように全ての国民を対象とした普遍的制度として設計されています。しかし、わが国の社会保険制度は、世帯主の職業や就労形態によって、加入できる制度や保険給付を受ける年齢、保障内容に違いがあります。例えば、年金のように基本的には老後生活の共通的な経済給付でありながら、より安定的な職業に就いているかいないか、つまり現役時代の給与等の多寡によって後々の年金額に大きな違いがあることがよく知られています。そうすると、社会保険制度がいくら充実していても、現役時代の不安定な就業によって収入が低かったり非正規の就労が長期に及んだりといったことがあれば、老後の生活を保障する年金の比重も相対的に低く見積もらざるを得ません。

　近年のリーマンショックなどのような経済危機が、現役時代の失業や不安定雇用といったことに結び付いたり、疾病などによって働くことができなくなったりして生活困窮に陥る可能性は誰にでもあるでしょう。たとえ年金・医療保険や雇用保険に加入していたとしても、そのことだけでは必ずしも全ての人が安心した生活を送れるわけではありません。このような場合に、その役割を果たすのが生活保護制度であり、これを国民の「最後のセーフティネット」という言葉で表現しています。

　この生活保護制度は、社会保険のように保険料の拠出を前提とはせず、現に「生活に困窮する」状態であれば、国が最低限度の生活の保障を国民の権利として認め、税金によって生活費を給付するものです。したがって、生活に困窮する人であれば、先の憲法第25条の理念に基づき、誰でも生活保護

を申請することが権利として認められています。しかし、制度を利用する際の「保護の要件」には、社会保険とは大きく異なる生活保護独自の基本的な原理や原則があります。

社会保険では前述のとおり、原則として保険料の拠出が前提であり、老齢、疾病、失業などあらかじめ想定されている「保険事故」に該当すれば、自動的に保険給付が行われるという基本的性格を持ちます。これに対して、生活保護法は、生活困窮の状態が明確で、現在自分自身が利用できる生活資源を全て活用していることが、「保護の要件」として厳格に求められます。詳細は Step 2 で説明しますが、「補足性の原理」として定められており（生活保護法4条1項）、生活保護を受ける前に資産や能力の活用が求められるわけです。

具体的には、働く能力があればそれを活用すること、つまり働ける人は働いて収入を得ることが求められるということです。また、預貯金などの現金があれば、それを現在の生活に活用してもなお生活に困窮しているかどうかが要件となります。さらに、これは「保護の要件」ではありませんが、民法上の扶養義務者が扶養できる場合には、この扶養が生活保護に優先するという規定もあります（生活保護法4条2項）。

このように、生活保護制度の場合は、「生活に困窮している」状態を厳格に認定するために、土地や手持ちの現金・預貯金などの動産・不動産といったものを含む資産を活用することが求められます。生活保護の受給に際してはこのようないくつかの「要件」が定められており、税金を原資としていることから、非常に厳しい側面を有していることも大きな特徴だといえます。

2 生活保護受給者の増加と高齢者支援

(1) 現代社会における高齢者の現状

近年のわが国の社会は「少子高齢社会」と表現され、人口構成から見ると生まれてくる子どもの数の減少、平均寿命の伸びによる相対的な高齢者人口

の増加が大きな問題としてクローズアップされています。

　『高齢社会白書　令和元年版』によれば、総人口は1億2,644万人（2018〈平成30〉年10月1日現在）で、65歳以上の高齢者人口は3,558万人であり、総人口に占める割合（高齢化率）は28.1％です。この高齢者人口は、いわゆる「団塊の世代」が75歳以上になる2025（令和7）年には、3,677万人（高齢化率30.0％）に達すると見込まれており、さらに2036（令和18）年には、高齢化率は33.3％になるといわれています。最終的なピークは2065（令和47）年で、高齢化率は38.4％まで上昇し、約2.6人に1人が65歳以上、約3.9人に1人が75歳以上という社会が到来するとの推計も出されています。

　このような変化は、今後予測されるいくつかの問題に対して解決を迫られることを意味しています。それは、高齢者夫婦二人世帯とともに、ひとり暮らしの高齢者の増加が顕著になることであり、そのような高齢者が病気や介護の支援を必要とする状態に陥ったときの生活上の困難のみならず、経済的な困窮をもたらす可能性があると考えられるからです。たとえ持ち家があったとしても、年金だけでは老後の生活を長期にわたって安定的に送ることは難しいかもしれません。具体的には、加齢に伴う身体的な衰えによる疾病や慢性疾患、さらに配偶者あるいは自分自身が介護支援を必要とする状態になるといった多くの生活上のリスクを抱えることが予想されます。これらは、いわば経済的な問題、言い換えれば、お金という金銭的な多寡による困難を基本としながら加齢という身体的・精神的な要素が加わり、それまでとは違った「生活のしづらさ」といった生活問題を顕在化させるでしょう。

　このような問題は、近年、ひとり暮らしによる孤独や引きこもりなどの形で現れ、深刻な高齢者の生活問題を生み出すことが指摘されています。とりわけこれらの問題は、孤立死や孤独死といった、既に現在、問題となっている現象と密接に関係しており、この状況をどのように解決していくのかの検討が求められています。実際に、将来の不安についての調査結果によると、孤独死を身近に感じるひとり暮らしの60歳以上の人は約5割（49.4％）です（高齢者夫婦二人世帯は約31.1％が不安と答えている。）。また、現在、住んでいる地域でのつきあいの程度に関する調査においては、男女によってつき

あいの程度に差があり、60歳以上の人では男性の方が地域のつきあいがある人が7.8％少なく、子どものいない男性では、病気などのときに世話を頼みたい人がいない、あるいは頼みたくないという回答の割合がかなり高い傾向が見られます（『高齢社会白書　平成29年版』、『高齢社会白書　平成30年版』より）。実際に、東京23区でひとり暮らしの65歳以上の人の、自宅での事故死や死因不明の急性死が近年増加傾向にあるということが指摘されています。2014（平成26）年には2,891人でしたが、2017（平成29）年には、3,319人（男2,147人、女1,172人）となり、男性の増加傾向が著しいという結果も出ています（東京都福祉保健局ホームページより）。このような問題を解決するために、高齢者が、安心して人との関わりを持ちながら生活することができる基盤が必要とされています。その一つの方向性として、地域包括ケア体制の充実による問題の解決が必要であり、この点については、後でもう少し考えてみたいと思います。

(2)　生活保護の動向と高齢者世帯の推移

　これまで、高齢者の社会的状況についていくつかの具体的な問題を述べてきました。ここでは、このような高齢者の置かれている状況について、生活保護制度との関係、特に高齢生活保護受給者の状況に焦点を当てながら、整理していきます。

　先の高齢社会白書令和元年版で取り上げられている生活保護受給者の推移を見てみると、2016（平成28）年における65歳以上の生活保護受給者は100万人で、前年の97万人より大幅に増加しています。65歳以上人口に占める生活保護受給者の割合は2.89％であり、全人口に占める生活保護受給者の割合（1.66％）と比較すると、かなり高くなっていることが分かります。

　最新の資料（『生活保護関係全国係長会議資料』2019〈平成31〉年3月）によれば、2017（平成29）年度に生活保護を受けた人は212万4,631人で、受給者が最も少なかった1995（平成7）年の88万2,229人と比較すると、2.4倍に増加しています。また、被保護世帯は164万854世帯で、前年に比

べて横ばいの傾向となっています。また、保護率は1.68%（人口100人あたり）で、減少傾向にあります（ 図1 参照）。世帯類型別被保護世帯数の推移では、全体の世帯数の増加にもかかわらず、平成29年度の「高齢者世帯」は86万4,714世帯で、前年比3.3%増であり、全世帯の53.0%を占めています（近年の推移については 図2 参照）。年齢階級別の被保護人員の年次推移では、65歳以上の高齢者の伸び率が大きく、平成28年の被保護人員のうち47.4%（100万1,240人）は65歳以上で占められています（1965〈昭和40〉年と2016〈平成28〉年の比較については 図3 参照）。

※なお、ここでいう「高齢者世帯」とは、男女とも65歳以上（2005〈平成17〉年3月以前は、男65歳以上、女60歳以上）の者のみで構成されている世帯か、これらに18歳未満の者が加わった世帯をいう。

　生活保護を受給する場合は、生活扶助をはじめとして、8種類の扶助があり（P.32～35参照）、世帯の状況に応じてこの扶助の適用が行われています。平成28年度の扶助別被保護者世帯数の傾向は、最も比率が高い生活扶助が88.3%、医療扶助が87.3%、住宅扶助が84.8%となっています。この中で、高齢者との関係から見ると、介護扶助を利用している世帯は33万6,646世帯（20.6%）となっています（ 図4 参照）。

　ここでの詳細な分析は割愛しますが、生活保護受給者に占める高齢者世帯の状況を、その他のデータからも見ると、以下のように整理することができます。

　第1に、世帯人員は単身世帯が多いということ、さらに男性単身者が多く、今後も増加する傾向があること、多くの高齢者が医療扶助の対象となっていること、住宅は賃貸住宅に居住していることなど、一般高齢者の生活状況とは大きく異なっています。

　第2に生活保護の受給理由は、生活に困窮しているということであるが、保護の受給の要件として資産や働く能力が無いために保護を受けており、一般高齢者が、年金収入や資産になるような預貯金、持ち家としての住宅などを持たない状態での生活が生活保護高齢者の実態であることです。

Step 1 社会保障制度と高齢者の生活保障

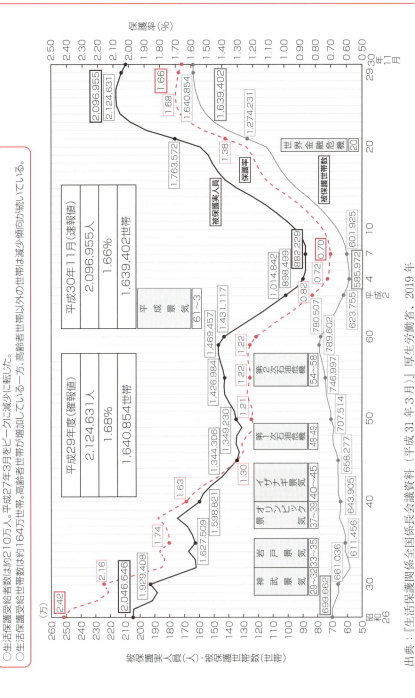

図1 被保護人員、保護率、被保護世帯数の年次推移

○生活保護受給者数は約210万人。平成27年3月をピークに減少に転じた。
○生活保護受給世帯数は約164万世帯。高齢者世帯以外の世帯は減少傾向が続いている一方、高齢者世帯が増加している。

出典：『生活保護関係全国係長会議資料（平成31年3月）』厚生労働省、2019年

図2 世帯類型別被保護世帯数の構成比の推移

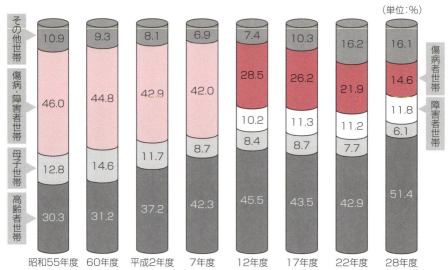

出典:『生活保護のてびき 平成30年度版』生活保護制度研究会編、第一法規、2018年

図3 年齢階級別一般人口及び被保護人員の構成比

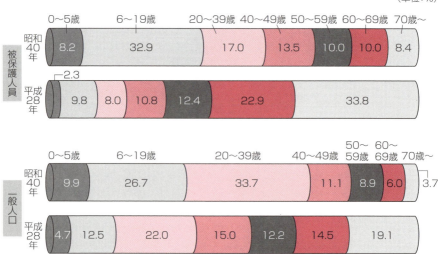

出典:図2に同じ

Step 1 社会保障制度と高齢者の生活保障

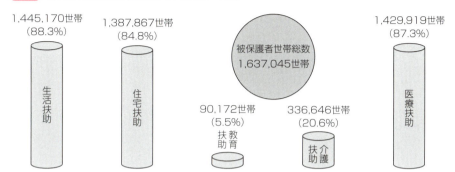

図4 扶助別被保護者世帯数（平成28年度）

（注）1　各扶助の実数については、1ヶ月平均である。
　　　2　構成比は、被保護者世帯総数に対する各扶助別世帯数の割合である。

出典：図2に同じ

　第3に問題として指摘されるのは、近隣との関係などを含む社会関係を十分に持っていないという傾向が強く、「社会的な孤立」状況に置かれている者も多いと推測されていることです。

(3)　生活保護における支援者としての「ケースワーカー」と「ケアマネジャー」の関係

　生活保護を受給している高齢者に対する日常的な相談や支援は、福祉事務所の地区担当の社会福祉主事（以下、「ケースワーカー」という）が行っています。この地区担当のケースワーカーは、社会福祉法で担当世帯数の標準が定められており、80世帯（市部に設置された福祉事務所の場合）を担当することになっています。しかし、生活保護受給世帯の増加に対応したケースワーカーの増員が不十分なために、1人のケースワーカーが100世帯以上を担当しており、個々の世帯の状況を十分に把握することが困難であるという指摘もされています。もともと、地域を担当するケースワーカーは、日常的な訪問活動を円滑に進めるために、世帯ごとの生活状況に応じて訪問の頻度をA〜Dというように調整しているのが一般的です。

　自治体によってそれぞれ異なりますが、例えば世帯の生活上の変化を日常

的に把握しなければならないような様々な問題を抱えている世帯をＡケース、それほど大きな問題はないが１～３カ月に１回程度は定期的に訪問をして世帯の生活状況に変化がないかどうかを把握するレベルの世帯をＢケースとしています。一方、生活上の変化がそれほど大きくない世帯は、訪問を年間数回に限定してＣケースあるいはＤケースというように分類し、訪問の頻度を調整しています。このような形で担当世帯を分類することによって、ケースワーカーは、担当地区の世帯を計画的に把握しています。

　そうすると、高齢者世帯の場合はこの分類のどこになるのかということですが、ＣケースあるいはＤケースに割り振られることが多く、その理由は、生活保護に関する認定の変更といったことを必要とせず、長期に保護を受給していることもあり、世帯の変化がないと判断されるからです。また、生活保護では保護の運営に協力をする役割を持っている人がいます。それが民生委員です。地域の民生委員は、とりわけ安否の確認や高齢者世帯への訪問を行っており、特別な問題が生じた場合などは担当ケースワーカーに連絡をするなど、情報の共有がされるような関係を持っています。

　このように見てくると、生活保護を受給している高齢者は、日常的には介護保険や様々なサービスを利用している場合には、サービス提供事業者のケアマネジャーやサービス機関の職員の方が、より日常生活と深い関わりを持っているといえるかもしれません。このことが、実は情報の共有や連携という問題と密接に関わってくることになるのです。

　生活保護を受けている高齢者世帯の場合、ケースワーカーは必ずしもその世帯の日々の生活を十分に把握しているとは限りません。したがって、介護保険のサービス提供という関わりが、高齢者世帯の実際上の生活問題や日常生活状況の把握につながるといえるでしょう。しかしながら、介護保険上のケアプランの変更、それに伴うサービス給付の変更とその手続きが必要となるときは、福祉事務所の担当ケースワーカーとの連絡・調整が必要となってきます。このときにもう一つ大切なことは、ケアマネジャーが、現在は生活保護を受けていないものの、日常的な関わりから病状の悪化や経済的に厳しい状況であることに気が付くかもしれないということです。その場合には、

必要な情報やどこの機関の誰に相談したらよいかという具体的な情報提供が可能であるかもしれません。孤独死や孤立死の研究事例では、介護保険サービスの利用に消極的であったり拒否的な世帯が地域の中で孤立しており、これらの世帯に支援者としてアプローチできるのは地域包括支援センターやケアマネジャーが多いという研究結果もあります。このように、ケースワーカーが十分把握できておらず、確認されていないことであっても、ケアマネジャーは担当世帯の生活状況などに関する情報提供を積極的に行う立場にあるといえるでしょう。場合によっては、民生委員との連携など、いわば「地域包括ケア」のサービスシステムの一環として中心的な役割を担う位置にあるということができます。

3 生活保護高齢者への支援者としてのケアマネジャー

(1) 地域包括ケアシステムと高齢者支援

　生活保護においては、自立支援を基本とした生活保護の運営が新たに進められてきています。いわゆる稼働年齢といわれる年齢の人に対する就労支援に限定せず、就労に至らない多様な生活上の課題を抱えている人に対して「自立支援プログラム」が様々な形で位置付けられ、進められています。また、生活保護を受給している高齢者の場合は、この自立支援をどのように位置付ければよいのかということが大きな課題でもありました。近年の生活保護の課題解決の基本は「利用しやすく自立しやすい制度へ」という方向で、新たな自立支援の位置付けをしていることに意味があります。それは、国民の生活困窮の実態に対応して、生活保護制度を「最低生活保障を行うだけでなく、生活困窮者の自立・就労を支援する」と広く捉えようとする視点からの見直しです。それぞれの世帯構成や年齢層の多様性を重視して、被保護世帯が安定した生活を再建し、地域社会への参加や労働市場への「再挑戦」を可能とするための働きができることを目指した「自立支援」として位置付けたことが特徴です。

ここで重要なのは、「自立」の意味付けをどのように捉えるのかということです。その根拠は、社会福祉法第３条の「福祉サービスの基本理念」に規定されている内容であり、「①個人の尊厳の保持、②内容は、福祉サービスの利用者が心身ともに健やかに育成され、又はその有する能力に応じ自立した日常生活を営むことができるように支援する、③それは良質かつ適切なものでなければならない」というものです。
　この考え方を基本として、「自立支援」のあり方を以下の３つに整理しています。
　①就労による経済的自立のための支援（就労自立支援）に限定しないこと
　②それぞれの被保護者の能力や抱えている問題とその状況に応じて、身体的・精神的な側面での健康を回復・維持していくこと、自分自身で健康・生活管理を行うことを目標とすることなど、日常生活において自立した生活を送るための支援（日常生活自立支援）が位置付けられたこと
　③地域社会との関係やつながりを十分に構築することができずに、自ら関係を絶ってしまうような生活をしている人に対して、社会的なつながりを回復・維持するなど社会生活における自立の支援（社会生活自立支援）を行うこと
　特に、生活保護を受給している高齢者は、②及び③の自立支援の考え方に基づく支援が必要とされています。このように考えると、生活保護レベルでの支援だけでは限界があるため、被保護者と直接、接している地方自治体が中心となって「自立支援プログラム」を策定することも必要となります。介護保険などの関わりを持つ介護保険事業者、地域包括支援センターのケアマネジャーなどが積極的に関わり、介護保険サービスと生活保護という経済給付が一体的に実施されることが必要となってくるでしょう。

(2) 連携を重視したケアマネジャーの役割

　これまで、生活保護を受給している高齢者の問題を中心にその制度的現状と連携のあり方を考えてきました。既に述べてきたように、少子高齢社会に

おける生活問題の一つは、老後の高齢者の生活困窮の問題です。もとより、それは生活保護を受給している高齢者に限らず、長期にわたる高齢期において、いつ生活困窮状態に陥るか分からない「潜在的貧困高齢層」の問題を考える必要があります。高齢者に限りませんが、2015（平成27）年4月から、生活保護に至る前の段階にある生活困窮者に対する自立支援を強化する目的で「生活困窮者自立支援法」（平成25年法律第105号）が施行されました。

この生活困窮者自立支援制度は、失業、疾病、家族の介護、本人の心身の状況など、複合的な課題を抱える生活困窮者の自立に向け、自立相談支援事業を中核に支援を展開することを目指しています。この支援の考え方は、従来の公的な福祉観では限界があることから、多様な組織と専門職の連携を求めています。とりわけ、高齢者の介護問題と関わる地域包括支援センターについて、「生活困窮者自立支援制度と介護保険制度との連携」を具体的に提示しています（『生活困窮者自立支援制度と介護保険制度との連携について』平成27年3月27日社援地発0327第4号、老振発0327第5号）。

特にこの通知では、介護保険制度の要介護・要支援に該当しない者に対する支援について、アウトリーチを含めた対象者の早期発見に取り組むために、地域包括支援センター等との連携を強調しています。例えば、これまで介護保険制度の利用に至っていなかったものの支援を要する高齢者を発見し、介護保険制度を含む高齢者向けの施策につなぐことが強調されています。さらに、ケアマネジャーが関わる意義として、地域包括ケアシステム構築の役割だけでなく、新たな低所得高齢者の支援について、これまで培ってきた相談支援のノウハウを所属する地域包括支援センターを巻き込んで活用することが求められています（図5 参照）。

このように考えると、生活保護法の被保護者の支援に関わるケアマネジャーにとって、「生活困窮者自立支援法」の成立は、要保護者を含む低所得高齢者の発見や生活保護につなげる中心的役割として期待されているとともに、その担い手としての他機関・多職種との連携が必要とされることは言うまでもありません。現在の生活保護制度に限定するのではなく、今後増大する多様なニーズを持つ低所得高齢者の自立支援に関わることは、様々な機

関や事業所に所属するケアマネジャーにとって、新たな役割を担うことが求められることになると考えられます（図6 参照）。

図5　地域包括ケアシステムの構築について

○団塊の世代が75歳以上となる2025年を目途に、重度な要介護状態となっても住み慣れた地域で自分らしい暮らしを人生の最後まで続けることができるよう、**医療・介護・予防・住まい・生活支援が包括的に確保される体制（地域包括ケアシステム）の構築を実現**。
○今後、認知症高齢者の増加が見込まれることから、認知症高齢者の地域での生活を支えるためにも、地域包括ケアシステムの構築が重要。
○人口が横ばいで75歳以上人口が急増する大都市部、75歳以上人口の増加は緩やかだが人口は減少する町村部等、**高齢化の進展状況には大きな地域差**。
○地域包括ケアシステムは、**保険者である市町村や都道府県が**、地域の自主性や主体性に基づき、地域の特性に応じて作り上げていくことが必要。

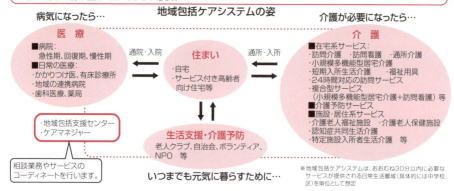

出典：『生活困窮者自立支援制度と介護保険制度との連携について』平成27年3月27日　社援地発0327第4号、老振発0327第5号

図6　地域の福祉を担うコーディネーター

○生活困窮者支援においては、福祉事務所設置自治体において、「自立相談支援事業」の「相談支援員」、「主任相談支援員」が配置され、生活困窮者支援に関するさまざまなネットワークづくりや社会資源の開発を行う。
○介護保険においても、市町村において、「生活支援体制整備事業」の「生活支援コーディネーター」が生活支援・介護予防サービスの提供体制の構築に向けた資源開発等を行う。

	（主任）相談支援員	生活支援コーディネーター
法律	生活困窮者自立支援法	介護保険法
事業	自立相談支援事業	生活支援体制整備事業
役割	生活困窮者へのアセスメント、支援計画の作成のほか、社会資源の開発、ネットワーク構築　等	地域に不足するサービスの創出、担い手の養成、サービス提供主体間の連携体制づくり等

出典：図5に同じ

【引用・参考文献】
- 『社会・援護局関係主管課長会議資料（平成 31 年 3 月）』厚生労働省、2019 年
- 『生活保護手帳 2011 年度版』中央法規出版、2011 年
- 『生活保護手帳 2015 年度版』中央法規出版、2015 年
- 『生活保護のてびき　平成 30 年度版』生活保護制度研究会編、第一法規、2018 年
- 『高齢社会白書　平成 29 年版』内閣府、2017 年
- 『高齢社会白書　平成 30 年版』内閣府、2018 年
- 『高齢社会白書　令和元年版』内閣府、2019 年
- 『東京都監察医務院で取り扱った自宅住居で亡くなった単身世帯の者の合計』東京都福祉保健局ホームページ
- 『生活保護関係全国係長会議資料（平成 31 年 3 月）』厚生労働省、2019 年

Step 2 生活保護制度とは

　ここでは、生活保護制度の基本的な内容について説明しています。特に、生活保護法の基本的な原理や原則とともに、生活保護の全体像を8種類の扶助制度の内容や、保護の決定のプロセスについて整理しています。また、生活保護の実施機関である福祉事務所、社会福祉主事などのほか、コラムでは、ケアマネジャーの仕事と関わりのある医療扶助や介護扶助について詳しく説明しています。

1 生活保護制度の歴史

　現在の生活保護は、憲法が制定され、わが国の社会保障制度の体系の一つとして位置付けられ、戦後一貫して国民の「最低生活」を保障する役割を果たしてきました。戦後すぐの1946（昭和21）年に、生活保護法（これを一般的に「旧生活保護法」と呼ぶ。）が制定されましたが、旧生活保護法の内容は、欠格条項（保護の対象者を限定する。）や、保護をしない人を規定したり、また、扶養義務者が扶養できる場合には保護をしないというような条文がありました。さらに、翌年、新憲法が施行されましたが、不明確な最低生活費の考え方や保護請求権・不服申立ての規定がない等の問題が指摘されました。憲法では、その第25条に規定された生存権及び最低生活の保障の内容が明確化されており、これらの考え方と相容れない生活保護法は全面的な改正をすることが求められました。そのため、1949（昭和24）年5月以来、審議を進めていた社会保障制度審議会による「生活保護制度の改善強化に関する勧告」に基づき、困窮者や要援護階層に対する十分な役割を果たす、新たな扶助制度の必要性が強調されました。この勧告は、専門的な保護の実施

機関やそこでの専門職の役割等が規定され、現在の福祉事務所や社会福祉主事の制度等がつくられました（その後、1951〈昭和26〉年に社会福祉の基本的な法律である「社会福祉事業法」〈現在の社会福祉法〉に法的な規定が設けられた。）。

1950（昭和25）年、現行の生活保護法（昭和25年法律第144号、1950〈昭和25〉年5月公布・施行）は、このような経過を経て、同じ法律名ではありますが、全面的に改められた新たな法律として制定されました。その大きな特徴は、以下の3点です。

①生活保護制度を憲法第25条の生存権理念の規定に基づく制度として明記したこと
②国民が、一定の要件を満たす場合に、保護を無差別平等に受ける権利をもつことを国の責任として明確にしたこと
③保護の水準が、健康で文化的な最低限度の生活を維持できるものでなければならないこと

さらに、保護の実施機関については、社会福祉主事（現業員）という専門職員によって遂行するものとし、民生委員は保護を進める上で協力するという役割としての位置付けにとどめたこと、生活保護における扶助の種類を定めるとともに（P.33〜35参照）、保護の実施事務においては国の責任を明確化するとの考えから、国や都道府県が実施機関（福祉事務所）を指導・監督、監査することを規定していること、また、権利を明確化するため、不服申立制度を生活保護法の条文の中に規定したこともその特徴として挙げられます。

このように、わが国の公的扶助制度の歴史は、戦後の改革の中で憲法を基盤とした生存権保障の基本的法律として位置付けられ、また、児童福祉法及び身体障害者福祉法とともに、社会福祉の基本的法律として確立していきました。

2 生活保護制度の目的と仕組み

現行の生活保護法は、第1条から第4条までを基本原理として規定し、保

護の最も根幹をなす考え方を示しています。この原理に基づいて、第7条から第10条までは、生活保護の基本原則として、保護を具体的に運用していく場合の申請、保護の基準とその程度など、保護の適用する対象者をどのように考えるのかという実施上の内容が定められています。

(1) 生活保護の基本原理

　生活保護法第1条は、この法律の目的を規定しているだけではなく、憲法第25条に定められた生存権規定と関連させている点が特徴です。具体的には、憲法第25条の理念に基づいて「最低生活の保障」を行うとともに、「自立の助長」を行うことがその目的にうたわれています。この内容は、所得保障を基盤とした社会保障的な側面と、生活保護受給者の将来的な自立を促すための社会福祉における対象者援助（現在の利用者支援）の側面という2つの目的を示しています。さらに、生存権保障の理念に基づき、「国家が責任を持つ」という考え方を明確にしたものです。

　第2条では、生活に困窮する国民に対して、その困窮に陥った原因や信条、性別、社会的な身分に関係なく、法の要件を満たせば差別することなく保護を受けることができる（無差別平等の原理）とされています。この内容は、生活困窮に陥った原因が「その人がまじめに働かない」といった個人的理由だからということで保護をしないなど、戦前や戦後の混乱期にあった差別的な対応をしない、ということを宣明しています。

　第3条では、第1条の最低生活保障の内容は、憲法第25条に規定されている「健康で文化的な最低限度の生活」を満たすものでなければならないということを規定しています。しかもこの原理は、生活保護の内容や水準が憲法の生存権理念にふさわしいかどうかについて法律上の争訟が可能とされ、裁判上の救済が可能であることを意味し、不服申立てとともに裁判上の訴えが可能であることを明らかにしています。

　これまで述べてきた第1条から第3条の基本原理の考え方に対して、第4条に規定されている原理（補足性の原理）は、いわば扶助制度としての厳しい側面を示しているといえます。この「補足性の原理」は、第2条にある「保

護の要件」について具体化した内容といえます。この要件としては、「生活に困窮する者がその利用し得る資産、能力その他あらゆるものを、その最低生活の維持のために活用する」（１項）ことが求められています。また、「要件」ではないものの「民法に定める扶養義務者の扶養及び他の法律に定める扶助」は全て「保護に優先」（２項）されると述べられています。

　第４条１項の資産の活用とは、土地や家屋、動産等の売却による活用を意味し、能力の活用とは、通常、働く能力のことと解釈され、働くことができるにもかかわらず働いていない場合は、原則として「能力の活用」がされていないという考え方がなされます。また、資産についての基本的な考え方は、いわゆる一般生活上考えられる預貯金は資産とみなされ、最低生活に活用することが求められます。その他の生活用品などについても、資産的な価値があるかどうかが問題とされ（生活用品については、原則として当該地域の普及率が70％を超えるものについては、保有が認められている。）、資産とされれば原則として売却し、その費用を生活費にあててもなお最低生活ができなければ保護を受けることができるという考え方をとっています。

　さらに、第４条２項では、保護の「要件」ではないものの、「民法に定める扶養義務者の扶養及び他の法律に定める扶助」は全て「保護に優先」されるとしています。これは、絶対的扶養義務者（民法877条１項）の全員及び相対的扶養義務者（民法877条２項）のうち、現に扶養している者及びその可能性のある者について、扶養の可能性を調査することとされています。ここに示された補足性の原理は、生活保護を受けることについてかなり厳しい側面を持っており、保護に対して強いスティグマ（恥辱観）を付与するものです。

　また、生活保護の実施にあたっては、「他の法律による扶助の優先」（第４条２項）が規定されています。この規定は、生活保護がいわば最後の段階の救済制度であるため、他の法律による制度の利用が可能な場合、その制約を受ける必要があるというものです。高齢者であれば、老人福祉法や介護保険法、障害者であれば、身体障害者・知的障害者福祉法、障害者総合支援法等で定められた制度をまず先に利用するということになります。その他、所得

保障としての老齢給付や障害給付などが該当することになります。

(2) 生活保護の基本原則

　生活保護の基本原則は、次の４つです。生活保護法第１条から第４条までは、生活保護の基本的な考え方の根幹をなすものであるのに対して、以下の基本原則には必ず例外を設けており、保護の実際上の運用に関しては生活困窮の状況に対応した運用をすることが規定されています。

①申請保護の原則

　保護を申請する場合、住所のある福祉事務所の窓口（町村役場でも経由機関として申請は可能）で申請書に必要事項を記入して提出することにより、手続きが行われます。ここで大切なのは、申請行為を通して保護の権利行使をしたことを明らかにするという意味があり、もし、保護の申請が却下された場合には、申請者が保護の請求権を行使できるという意味で大切な手続き

Column

生活保護の用語の定義

　生活保護における最低生活保障は、被保護者（現に保護を受けている者をいう。）に金銭や物品（保護金品）を支給して保護を実施します。その実施方法は、原則として居宅保護による保護を前提としていますが、居宅保護が難しい場合は、保護施設に入所することによって、保護の目的を達成する場合もあります。生活保護は、８種類の扶助（生活扶助、教育扶助、住宅扶助、医療扶助、介護扶助、出産扶助、生業扶助、葬祭扶助）によって行われ、要保護者（被保護者と、被保護者ではないが法に定める保護を要する状態にある者をいう。）の生活需要に応じて、必要な扶助を１種類（単給）あるいは２種類以上（併給）組み合わせることによって、最低生活の保障が行われます。

となります。しかし例外として、申請によることができない急迫した状態の場合には、「急迫保護」として、実施機関である福祉事務所は申請がなくても職権で保護を開始することもできます。

②基準及び程度の原則

　生活保護を実施する場合の多くは、金銭給付（お金による保護費の支給をすること）を原則としており、厚生労働大臣の定める基準によって各種の扶助ごとに金額で示され、保護申請者の困窮の状況によって各種の扶助が適用されます。この適用によって、その世帯の最低生活費が明らかになるとともに、この基準額は保護を申請したときの「最低生活費」の金額の目安となり、いわば保護を受けられるかどうかの判定基準となります（これを「要否判定」基準という）。

③必要即応の原則

　各種の扶助を適用する場合には、要保護者の年齢や健康状態等の事情を考慮して有効適切に行うことを示したものです。これは生活保護申請者の世帯の構成を考えて、例えば、高齢者あるいは障害者等の世帯の場合には、その世帯の状況を把握し、個々の要保護者の生活の実情に即して適切な保護を行わなければならないという趣旨です。

④世帯単位の原則

　保護の要否や程度の決定が、世帯を単位として考えられていることを意味します。保護の種類や方法は個人単位で決められますが、生活費の需要は世帯という生活単位で判定します。また、生計の同一性があれば、住居を同一にしていなくても世帯と認定される場合もありますが、これとは逆に、同一世帯として認定することに妥当性を欠く場合には、個人単位で保護を定める「世帯分離」という例外的な方法が適用される場合もあります。

3 生活保護の種類と内容

　生活保護制度は、最低生活の保障を目的としているため、その世帯の困窮状況によって8種類の扶助の中から必要に応じた保護を行います（ 図1 参照）。扶助は、種類によって金銭給付による場合と現物給付による場合とがあり、方法はそれぞれ異なります。なお、1種類の扶助のみを受ける場合を「単給」、複数の扶助を受ける場合を「併給」と呼びます。ここでは8種類の扶助の内容と方法についてまとめます。

(1) 生活保護における扶助の種類と方法

①生活扶助（ 図2 参照）

　生活扶助は、金銭給付によって行われ、最も基本的な生活費である衣食に必要な扶助です。第1類費（年齢別個人経費）と第2類費（世帯人員別経費）に分けられ、日常生活上に必要な基本的・経常的経費を、世帯人員や世帯員の年齢による基準額を合計して算定しています。また、その世帯や個人が特別の生活需要を必要とする場合には、さらに各種の加算を合算して最低生活費が算定されます。

②教育扶助

　教育扶助は、生活保護の受給世帯の児童に対して、義務教育の期間の教育に係る費用（学用品、給食費等）を金銭給付によって行うものです。したがって、幼稚園や高等学校以上の教育費用は教育扶助の対象とはなりません。

③住宅扶助

　住宅扶助は、被保護世帯が居住する住居の費用について、金銭給付により行われる扶助です。住居が賃貸であれば、その住居費や必要と認められる場合には転居等の費用が給付されます。また、住居が持ち家の場合は、住宅の改修が必要な場合にも費用が出されます。

図1 最低生活費の体系

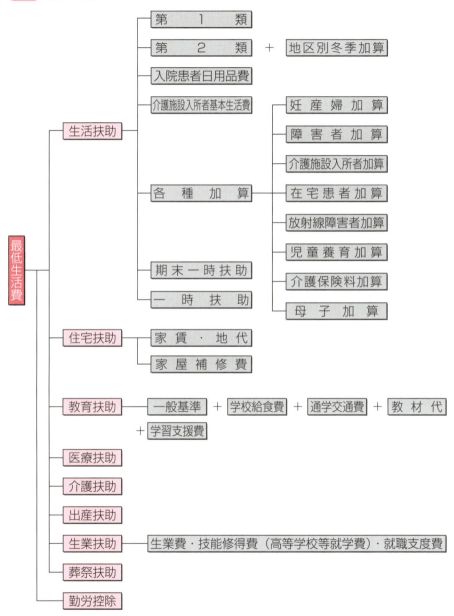

出典:『生活保護のてびき 平成30年度版』生活保護制度研究会編、第一法規、2018年

図2 生活扶助基準

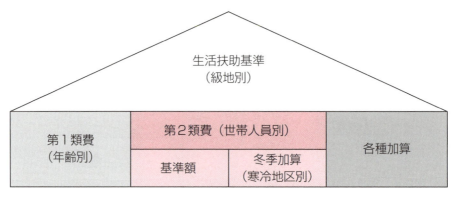

出典：図1に同じ

④**医療扶助**

　医療扶助は、疾病や負傷の治療に必要な入院又は通院による医療の給付を行うことを目的としており、生活保護法の指定医療機関に委託して医療のサービスが提供されます。この場合、被保護者は一般の医療保険制度の対象とはならないことから（就労していない場合、国民健康保険等の社会保険制度の対象外とされるため）、いわゆる健康保険証に変わる「医療券」を指定医療機関に提出することによって診療・投薬等を受けることができます。指定医療機関で提供される医療の内容は、「国民健康保険」に基づく診療方針・診療報酬によるものとされています。したがって、ここで提供される内容は、原則として現物の医療サービスとして給付される「現物給付」によって行われます（医療扶助の実施等の詳細については、P.52の**コラム**を参照）。

⑤**介護扶助**

　この扶助は、最も新しい扶助です。介護保険法が制定されたことによって作られたもので、要介護者及び要支援者である被保護者に対して介護保険給付の自己負担分が介護扶助として給付されます。医療扶助と同様に、原則として現物給付の方法がとられ、「介護券」の発行によって、必要なサービス

を利用できます。なお、介護保険の対象となる被保護者の場合、介護保険の保険料は、生活扶助の介護保険料加算として給付されています。しかし、介護保険の第２号被保険者に当たる年齢で就労をしていない場合には、介護保険の対象外となり保険料を負担することはできません（介護保険制度との関係については、P.58の**コラム**を参照）。

⑥出産扶助

出産に必要な分娩費及び衛生材料費等が、金銭給付として支給されます。

⑦生業扶助

生業扶助は、被保護者が自立助長の目的に沿って働くために必要な費用、例えば、生業に必要な資金や技能の習得に必要な費用について、現金給付として支給されます。また、自立助長を目的として高等学校の費用（高等学校等就学費）が生業扶助から出されることになりました。

⑧葬祭扶助

被保護者が死亡した場合に、葬祭に関わる費用、火葬・埋葬等の費用が現金給付として支給されます。

4 生活保護の決定過程と保護の実施

ここでは、実際の保護の適用やそのプロセス、被保護者の権利・義務等の内容を簡潔に整理しておきます。

(1) 保護の決定過程 （ 図3 参照）

①保護の申請

生活保護の申請は、一般的には要保護者からの申請手続きによって行われます。申請は書面で行われ、実施機関は、申請日から14日以内に保護の要否を決定し、書面で通知することになっています。特別な事情がある場合は、

図3　生活保護の相談・申請から保護の決定のプロセス

```
┌──────────────────────┐         ┌──────────────────────┐
│ 面接員による生活相談 │ ──────→│ 他の相談機関への委託 │
│ 法27条の2            │         │ （紹介・送致）       │
│ （インテーク面接）   │         │                      │
└──────────────────────┘         └──────────────────────┘
```

- 主訴の傾聴（生活困難の状況を十分に把握する）
- 相談内容の明確化（生活問題と制度のマッチング）
- 機関の機能の説明（相談内容に関わらせて生活保護の内容を説明）
- 利用できる制度の紹介（福祉事務所としての相談機能）

保護の申請（法7条　申請保護の原則）
- 生活保護制度の説明（相談者の問題状況に関連させて）
- 申請の意思の確認（申請者が保護を申請する場合は申請用紙を配布し受理する）

地区担当員による資力調査（法4条　補足性の原理）
- 〈原則として家庭訪問による調査〉
- 資産・能力の活用の可能性、収入等の所得状況の把握
- 扶養義務者の扶養の有無
- 他法他施策の活用の可能性

保護の要否判定
- 世帯訪問調査と関係先調査の確認
- 所内担当者との連携・情報のすり合わせ

保護の決定（法24条　申請による保護の開始及び変更）
- 保護決定調書の作成（住所・世帯構成等の基本事項のほか、保護の種類別扶助額、保護の方法、開始日等）
- 保護の決定理由の明確化（開始及び却下の具体的内容を記述）

・保護申請に関する通知文書の送付

保護の開始
- 保護の内容と保護費の支給の説明確認

保護申請の却下
- 保護の却下の理由の説明（文書で通知）
- 不服の申立ての権利の発生
- 場合によってはフォローアップを確認

具体的な援助方針の作成（法27条　指導及び指示、27条の2　相談及び助言）
- 保護受給世帯の問題状況の理解
- 被保護者への説明と同意に基づく援助計画の策定
- 世帯への助言の必要性の確認
- 当面の援助方針に基づく援助の展開
- 具体的な自立支援プログラムの作成

（注）上記の図は、法律と実際上の援助者の要保護者に対する関わりを図式化したものである。

筆者作成

申請日から30日以内の間で決定の延長が可能ですが、その場合は、書面でその理由を明らかにしなければなりません。申請日から30日以内に通知がない場合は、申請が却下されたものとみなして、不服の申立てをすることができます（生活保護法24条3～7項）。

②経由機関からの申請

　保護の申請は、原則として実施機関である福祉事務所で行いますが、法の規定により、町村長は申請を経由する機能を持っており、町村役場の担当窓口でも保護の申請ができます。この場合は、町村長が実施機関としての権限や義務を持っているのではなく、経由機関としての義務や協力義務として行われます。経由機関は、保護の申請を受領した場合、受領してから5日以内に実施機関の福祉事務所に対し、要保護者に対する扶養義務者の有無や資産状況等の保護決定の実施に参考となる事項を記載した書面を添えることとなっています（生活保護法24条10項）。

③保護の開始・停止及び廃止

　保護の要否の決定は、行政処分という形式によって行われます。保護が必要であると判断されれば保護は開始、否と判断されれば申請は却下されます。

　生活保護が開始されてから保護を必要としなくなった場合には、停止あるいは廃止が決定されます。特に、廃止の処分は、保護を要しないことが確実かつ安定的である場合に、理由を付した書面で通知（変更及び停止も同様）することとなっています。その他、既に受けている扶助の一つを行う必要がなくなった場合には、保護の変更という手続きがとられます。

　また、保護を行う上で、社会福祉主事は、被保護者に対して必要な指導・指示、検診命令を行うことができます。これに従わない場合は、制裁的な見地から、保護の停止や廃止の処分が行われる場合があります。もちろん、指導・指示などは被保護者の意思を尊重しなければならないと規定されています（生活保護法27条3項）。

(2) 被保護者の権利と義務

　保護は最低生活の維持のために給付されるものです。そのため、被保護者には、最低生活保障という観点から、制度上、特別な権利が与えられると同時に、義務も課せられています。また、保護に関する処分に不服のある場合には、その処分について争う行政争訟権があります。

①権利と義務

　既に決定された保護の決定に対し不利益に変更されない（不利益変更の禁止）、保護金品を標準として租税その他の公課を課せられない（公課の禁止）、保護金品や保護を受ける権利は差し押えられない（差押えの禁止）、保護を受ける権利を譲り渡せない（譲渡禁止）があります。

　また、被保護者に対しては、「生活上の義務」として、常に能力に応じて勤労に励み、支出の節約を図り、その他生活の維持・向上に努めなければならないとされています（生活保護法60条）。さらに、収入や居住地、世帯に変化が生じた場合には届出の義務があり、福祉事務所からの生活等に対する指導又は指示を受けた場合はこれに従う義務があります（生活保護法62条）。その他、急迫した事情等のため、資力があるにもかかわらず保護を受けた場合には費用の返還が義務付けられています（生活保護法63条）。

②不服の申立て

　市町村長が行った処分については都道府県知事に対して、都道府県知事が行った処分については厚生労働大臣に対して、それぞれ審査請求を行うことができます。また、都道府県知事が行った審査結果に不服のある場合には、厚生労働大臣に対して再審査請求ができることとなっています。

　さらに、不服申立てが認められない場合には、裁判所に行政訴訟を起こすことが可能です（訴訟提起の条件として、審査請求の裁決を経ていることが必要）。

(3) 保護の運営実施と財政

①保護の運営実施

　生活保護制度の事務は、国の事務を都道府県知事、市長、福祉事務所を設置する町村長が実施する体制ですが、これらの機関は、要保護者に対する保護の決定や実施の義務を負っています。

　福祉事務所は、社会福祉法第14条に規定された、福祉6法（生活保護法、児童福祉法、母子及び父子並びに寡婦福祉法、老人福祉法、身体障害者福祉法、知的障害者福祉法）を行う第一線の総合的社会福祉行政機関であり、現業機関です。福祉事務所は、設置主体によって、都道府県、指定都市及び特別区、市、町村に分けられます。福祉事務所については、5において説明します。

②保護の運営財源

　生活保護法第23条では、都道府県知事や市町村が行う生活保護の事務に関する監査の権限が定められています。その方法は、運営体制の指示のほか、保護の決定・実施や法令の適用に関して個別的に指示を与える方法などがあります。

　また、生活保護制度は、生活に困窮する国民の保護を国の責任において実施することから、国はその扶助の費用について3／4を負担しています。国の法定受託事務という形で実施している地方公共団体は、その費用の1／4を負担しています（図4 参照）。生活保護費は、財政法第29条の規定により、「法律上（中略）国の義務に属する経費」であるので、これに不足が生じた場合は補正予算を計上し、予備費の使用についても手続き上の特例が講じられます。

　また、保護の実施機関として、都道府県と市町村は同列の立場であるため、費用の支弁についても同列の責任を負っていますが、財政的な配慮から、市町村に過重な負担をさせないよう、都道府県が一定の負担をしています。

図4 平成30年度保護費予算額（監査及び施設に要する経費等を除く）

28,637億円

生活扶助	住宅扶助	教育扶助	医療扶助	介護扶助	その他
8,835億円 (30.9%)	4,725億円 (16.5%)	129億円 (0.5%)	14,065億円 (49.1%)	736億円 (2.6%)	146億円 (0.5%)

（注）国と地方の負担割合は、国が3/4、地方が1/4となっている。
出典：『生活保護のてびき　平成30年度版』生活保護制度研究会編、第一法規、2018年

5 生活保護についての相談機関と連携のポイント

　ここでは、生活保護に関連して、ケアマネジャーが連携を図るべき各種機関の概要と役割分担及び連携のポイントについて理解を深めていきます。

(1) 福祉事務所

①福祉事務所とは

　福祉事務所は、生活保護をはじめとする福祉6法（生活保護法、児童福祉法、母子及び父子並びに寡婦福祉法、老人福祉法、身体障害者福祉法、知的障害者福祉法）や関連諸法を扱う福祉行政における「第一線の現業機関」とされています。福祉事務所を設置、運営するのは行政（自治体）であり、地域の社会福祉の最前線にある総合的な相談機関としての役割を担っています。「第一線の現業機関」とは、福祉事務所が住民のあらゆる相談に乗り、直接的・間接的に解決につなげていく「最前線」のセンターであることを意味しています。

　福祉事務所は1951（昭和26）年の社会福祉事業法（現・社会福祉法）の成立によって創設されて以来、行政が直接設置・運営する相談機関として位

置付けられてきました。都道府県と市(及び特別区)に設置が義務付けられており、町村は任意設置となっています。福祉事務所が設置されていない町村に対しては、都道府県がそのエリア(郡)ごとに福祉事務所を設置するのが通例です。福祉事務所という名称ではなく「社会福祉センター」や「保健福祉センター」といった呼び方をしている自治体もあります。

図5 は、福祉事務所を含む社会福祉の実施体制をあらわしています。

②福祉事務所の組織

福祉事務所の組織は、生活保護法を担当する「生活保護課」とその他の福祉5法を担当する「社会福祉課」等に分かれているか、もしくは5法全てを所管する課ではなく、障害福祉課、児童福祉課、母子福祉課、高齢者福祉課等の部門に分かれるかたちで組織化されています。これらの課では、障害認定や手帳の発行、手当等の給付、虐待・保護等を理由とする施設入所措置等の業務を担っています。ケアマネジャーは、日常的に高齢者福祉課や介護保険課と関わりを持っているでしょう。介護保険の担当部署を含めて福祉6法等を扱う行政セクションの全てを福祉事務所と呼ぶこともありますし、生活保護法の担当部門のみを福祉事務所とすることもあり、組織は自治体によって大きく異なっています。なお、都道府県と市の福祉事務所は福祉6法(生活保護法、児童福祉法、身体障害者福祉法、知的障害者福祉法、老人福祉法、母子及び父子並びに寡婦福祉法)を、町村の福祉事務所はそのうち3法を取り扱うことになっています。

③福祉事務所の業務

福祉事務所の業務の特徴は「迅速性・直接性・技術性」にあるとされてきました。すなわち、実行力・機動力があり、住民に対して直接的なサービスを提供でき、そして専門的なスキルを持っているという3つの要素です。

特に生活保護課は、地域住民に対する生活保護の相談・助言、申請受付、給付、指導・指示等の業務を担当しており、アセスメントや自立支援等の面で高い専門性が期待されています。

図5 社会福祉の実施体制

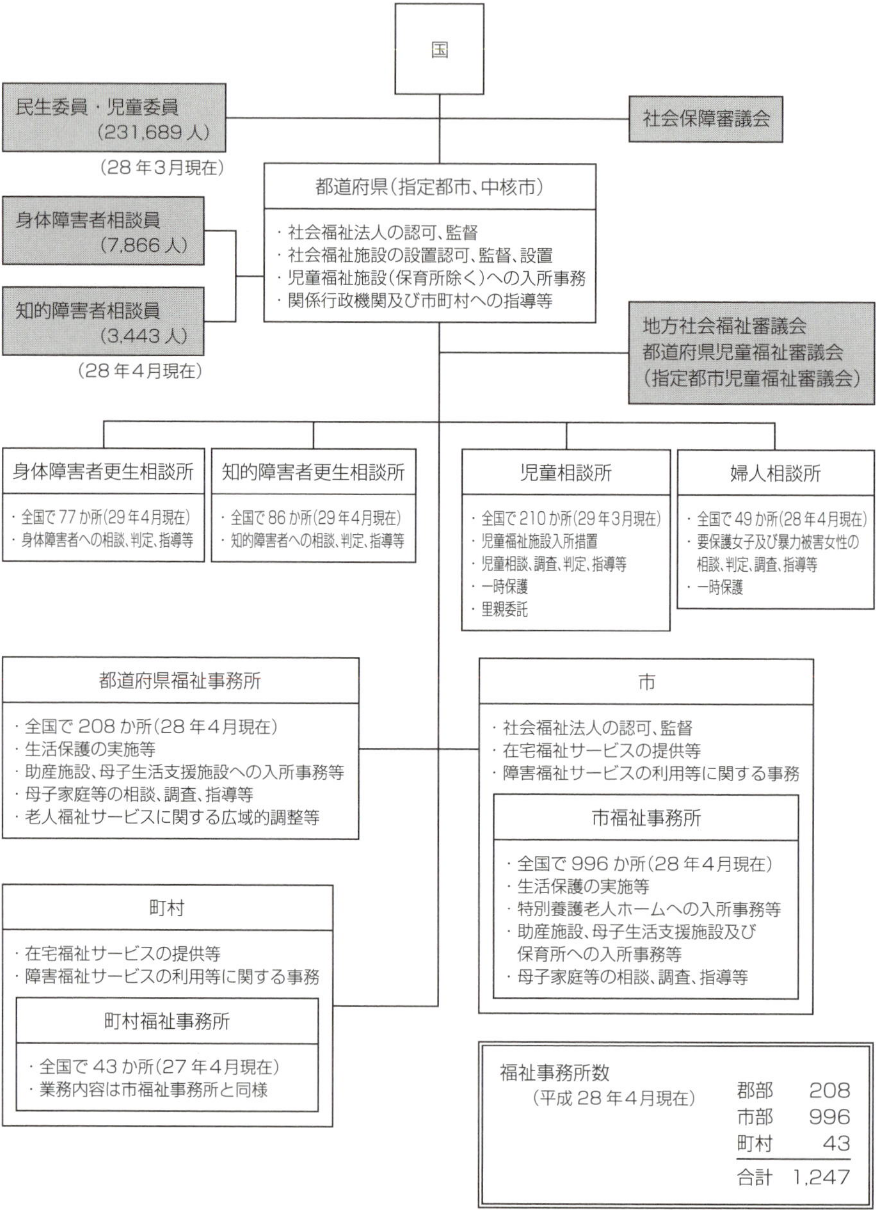

```
                              ┌─────┐
                              │ 国  │
                              └──┬──┘
┌──────────────────┐             │             ┌──────────────┐
│ 民生委員・児童委員 │             ├─────────────│ 社会保障審議会 │
│  (231,689人)     │             │             └──────────────┘
└──────────────────┘             │
    (28年3月現在)                 │
                        ┌────────┴─────────────┐
┌──────────────────┐    │ 都道府県(指定都市、中核市) │
│ 身体障害者相談員   │────│ ・社会福祉法人の認可、監督  │
│   (7,866人)      │    │ ・社会福祉施設の設置認可、監督、設置 │
└──────────────────┘    │ ・児童福祉施設(保育所除く)への入所事務 │
                        │ ・関係行政機関及び市町村への指導等 │
┌──────────────────┐    └────────┬─────────────┘
│ 知的障害者相談員   │             │            ┌──────────────────┐
│   (3,443人)      │             ├────────────│ 地方社会福祉審議会  │
└──────────────────┘             │            │ 都道府県児童福祉審議会│
    (28年4月現在)                 │            │ (指定都市児童福祉審議会)│
                                 │            └──────────────────┘
```

身体障害者更生相談所
- 全国で77か所(29年4月現在)
- 身体障害者への相談、判定、指導等

知的障害者更生相談所
- 全国で86か所(29年4月現在)
- 知的障害者への相談、判定、指導等

児童相談所
- 全国で210か所(29年3月現在)
- 児童福祉施設入所措置
- 児童相談、調査、判定、指導等
- 一時保護
- 里親委託

婦人相談所
- 全国で49か所(28年4月現在)
- 要保護女子及び暴力被害女性の相談、判定、調査、指導等
- 一時保護

都道府県福祉事務所
- 全国で208か所(28年4月現在)
- 生活保護の実施等
- 助産施設、母子生活支援施設への入所事務等
- 母子家庭等の相談、調査、指導等
- 老人福祉サービスに関する広域的調整等

市
- 社会福祉法人の認可、監督
- 在宅福祉サービスの提供等
- 障害福祉サービスの利用等に関する事務

市福祉事務所
- 全国で996か所(28年4月現在)
- 生活保護の実施等
- 特別養護老人ホームへの入所事務等
- 助産施設、母子生活支援施設及び保育所への入所事務等
- 母子家庭等の相談、調査、指導等

町村
- 在宅福祉サービスの提供等
- 障害福祉サービスの利用等に関する事務

町村福祉事務所
- 全国で43か所(27年4月現在)
- 業務内容は市福祉事務所と同様

福祉事務所数(平成28年4月現在)

郡部	208
市部	996
町村	43
合計	1,247

出典:『平成29年版厚生労働白書 資料編』194頁、厚生労働省、2018年

④福祉事務所との連携

　ケアマネジャーが担当する介護保険の利用者が既に生活保護を受給している場合や、介護保険の費用負担が困難なくらい生活に困窮している場合等には、ケアマネジャーは福祉事務所といっそう深い関わりを持つ必要があります。そのような場合、ケアマネジャーは介護保険の給付管理者というよりも、地域において利用者を中心とする支援のネットワークを築くソーシャルワーカーの一人として業務を展開することが期待されます。

　利用者や家族に関する情報の共有、支援目標及び課題やリスクの共有などを通して、福祉事務所との関係づくりを行うことが重要です。緊急時や重症時には福祉事務所の職員と利用者宅への同行訪問を行うこともありますが、そのような場合は多くの権限と資源を持つことができます。福祉事務所の職員と協働することで、利用者や家族が抱えている複雑化した課題を一気に解決に導く機会となるでしょう。

(2) 生活保護ケースワーカー

①生活保護ケースワーカーとは

　福祉事務所（生活保護の担当部署）には、ケースワーカーもしくは生活保護ケースワーカーと呼ばれる職員が配置されています。生活保護を受ける個別世帯（ケース）を担当するため、古くから「ケースワーカー」もしくは「地区担当員」と呼ばれてきましたが、実質的にその業務の中身を見ると「ソーシャルワーカー」と呼ぶべき専門職としての役割が期待されています。

　ケースワーカーというのは通称であり、法的には「現業員」と呼びます。福祉事務所にはこの現業員のほかに、所長、査察指導員（指導監督を行う所員）、事務職員を配置しなければなりません（社会福祉法15条1項）。さらに、これらのうち、現業員と査察指導員は社会福祉主事でなければなりません（社会福祉法15条6項）。

②生活保護ケースワーカーの役割

　具体的な生活保護の運営・実施に際しては、ケースワーカーに幅広い役割が与えられています。それは、生活保護の申請の前段階から相談面接に臨み、申請を受理したあとは各種調査（資力調査）を実施し、要保護者（保護が必要な者）そして被保護者（受給者）の自宅等を訪問して助言や指導を行うなど、ケースワーカーの役割が多岐にわたるからです。法的には、生活保護法第27条に、現業員は「被保護者に対して、生活の維持、向上その他保護の目的達成に必要な指導又は指示をすることができる」と規定されています。さらに、同法第27条の2では、「要保護者から求めがあったときは、要保護者の自立を助長するために、要保護者からの相談に応じ、必要な助言をすることができる」とあり、求めがあった場合には保護申請のいかんにかかわらず、相談・助言を行わなければなりません。もちろん、ケアマネジャーは必要に応じて、担当する利用者の生活状況や介護保険の利用等について、福祉事務所のケースワーカーに相談や助言を求めることができます。

③生活保護ケースワーカーの配置

　ケースワーカーの配置基準は、市においては生活保護世帯80世帯に対して1人、町村においては65世帯に1人となっています。しかし、1人のケースワーカーが100～120世帯を受け持つこともあり、配置状況すなわち人手不足が大きな課題となっています。社会福祉主事の有資格者率も100％を達成できておらず、『平成28年　福祉事務所人員体制調査について』によると、現業員については約82％にとどまっています。

　現在、自治体の多くが一般行政職採用の職員を福祉事務所に配属するかたちをとっており、かつ、2～3年で人事異動することが多いため、ケースワーカーだけを専門職採用し、ソーシャルワーカーとしてのキャリアを積んでもらうことが難しい状況にあります。また、採用された新人職員が最初に福祉事務所に配属されることも多く、ベテランのケースワーカーが不在の福祉事務所が増えています。ケースワーカーの資質向上のために、現任訓練（研修）の充実も求められています。

④その他の職種

　福祉事務所には、ケースワーカーや査察指導員以外にも多様な専門職が配置されています（ 表1 参照）。多くの自治体では、生活保護の受付面接を担当する「面接員」を置いています（ケースワーカーが面接員を兼務する場合もある。）。また、近年では、生活保護受給者の自立支援が重視されていることを受けて、「就労支援員」や「自立支援員」と呼ばれる職員が置かれ、生活保護受給者等の就労や日常生活自立をサポートしています。生活保護以外の福祉5法に関わる事項については、老人福祉指導主事、身体障害者福祉司、知的障害者福祉司、家庭児童福祉主事（家庭相談員）、母子相談員（婦人相談員）等の職員が配置されます（いずれもケースワーカーが兼務することがある。）。

⑤ケアマネジャーとの連携

　こうした生活保護ケースワーカー及び他の専門職の配置や専門性、スーパービジョン体制等は、自治体ごとにかなりバラバラの状況です。

　ケアマネジャーは利用者や地域のニーズに応じて積極的にケースワーカーと連携をとり、地域における重要な社会資源の一つとして福祉事務所を育てていく姿勢が求められるでしょう。生活保護の面接員は、ケアマネジャーとは異なり、長期的に利用者（要保護者）と関わっているわけではなく、自宅を訪問することもないため、ケアマネジャーによるアセスメント情報の提供や長期的な経過観察の伝達が極めて重要なものとなります。一方、ケースワーカー（地区担当員）の場合は、ケアマネジャーの知らない情報を持っていることもあり、お互いの深い連携と情報共有が不可欠です。

(3) 社会福祉協議会

①社会福祉協議会とは

　社会福祉協議会は「地域福祉の推進を図ることを目的とする団体」（社会福祉法109条）であり、住民主体を理念として、各種社会福祉事業等を展開

表1 福祉事務所の専門職種の主要業務及び資格

職名	主要業務	資格
査察指導員	福祉事務所現業事務の指導監督	・社会福祉主事（＊）
現業員	援護・育成・更生を要する者の家庭訪問、面接、調査、保護そのほかの措置の必要の判断、生活指導等	・社会福祉主事（＊）
老人福祉指導主事	老人福祉に関し、福祉事務所所員への技術的指導 老人福祉に関する情報提供、相談、調査、指導業務のうち、専門的技術を必要とする業務	・社会福祉主事（＊）であって老人福祉行政推進の中核となるに相応しい者
知的障害者福祉司	（市町村の知的障害者福祉司） 知的障害者福祉に関し、福祉事務所所員への技術的指導 知的障害者福祉に関する相談、調査、指導業務のうち、専門的技術を必要とする業務	・社会福祉主事（＊）であって知的障害者福祉従事経験2年以上の者 ・大学において指定科目を履修して卒業した者 ・医師 ・社会福祉士 ・指定校卒業者 ・以上に準ずる者で知的障害者福祉司として必要な学識経験を有する者
身体障害者福祉司	（市町村の身体障害者福祉司） 身体障害者福祉に関し、福祉事務所所員への技術的指導 身体障害者福祉に関する相談、調査、指導業務のうち、専門的技術を必要とする業務	・社会福祉主事（＊）であって身体障害者福祉従事経験2年以上の者 ・大学において指定科目を履修して卒業した者 ・医師 ・社会福祉士 ・指定校卒業者 ・以上に準ずる者で身体障害者福祉司として必要な学識経験を有する者

注＊　社会福祉主事の資格
① 大学等において厚生労働大臣の指定した社会福祉に関する教科を3科目以上履修して卒業した者
② 厚生労働大臣の指定する養成機関又は講習会の課程を修了した者
③ 社会福祉士または精神保健福祉士等

出典：『社会福祉の動向2016』29頁、社会福祉の動向編集委員会編、中央法規出版、2016年

する民間団体（社会福祉法人）です。1951（昭和26）年に民間の社会福祉活動の強化を図る目的で全国及び都道府県に誕生し、各市町村でも組織化されてきました。歴史的に行政とのつながりが深く、各市町村に2つ以上設置できないこととされています。NPOや民間営利事業者が社会福祉事業に参入することのなかった時代には、社会福祉協議会は住民参加による福祉活動や市民活動、福祉コミュニティづくりの中核となり、民間による福祉をリードしてきました。

近年では、高齢者や障害のある人々への居場所の提供や、就労や社会参加の機会を提供する各種事業を展開する非営利事業者（NPO法人・一般社団法人等）が地域に増えています。そこで、社会福祉協議会はこれらの事業者と連携・ネットワークを組みイベント等の開催や、財政や人材育成等の面でのバックアップなど、いっそう多様な役割を担うようになってきました。地域づくり・地域再建が求められるいま、地域の社会資源をつなげ、住民のつながりを深めることは社会福祉協議会の使命であり、その中心的な拠点として役割を果たすことが期待されています。

②ケアマネジャーとの連携

地域福祉が重視される現代において、ケアマネジャーを含む社会福祉領域で働く全てのソーシャルワーカーは、自分が担当する地域の社会福祉協議会がどのような事業を展開しているか、どのような特色があるかについてよく知っていることが求められます。社会福祉協議会の事業は、地域によって多様化しており、市町村からの受託事業をはじめ、ボランティアや市民活動の支援、共同募金運営への協力、権利擁護、災害援助等の事業を展開しています（ 表2 参照）。介護保険法、障害者総合支援法に基づくサービス事業を展開していることもあります。

ケアマネジャーはケアプランを作成するに当たって、地域の多様な社会資源を活用することが不可欠です。その際に、特に社会福祉協議会が行う権利擁護サービス（日常生活自立支援事業）や生活福祉資金貸付制度、生活困窮者自立支援制度を活用しながら、利用者や家族の多様な課題を解決していく

表2　社会福祉協議会の主な事業

市町村社会福祉協議会

1　住民の生活支援事業
- 在宅福祉サービス（障害者へのホームヘルプ事業、デイサービス事業等）
- 生活支援サービス（制度化されていない食事・移送サービス等）
- 生活困窮者自立支援制度に基づく各種サービス（就労支援、学習支援等）
- 介護・認知症予防のためのふれあいいきいきサロン
- 障害者や高齢者等の見守り活動、安否確認活動
- 心配ごと相談、福祉相談

2　ボランティア活動の支援
- ボランティア・市民活動センターの運営
- 災害ボランティアセンターの運営
- NPO・市民活動団体の育成・支援
- 福祉講座、介護講座の実施

3　介護保険事業

4　連絡調整、その他
- 各種助成事業
- 地区社会福祉協議会、福祉施設の連絡調整
- 民生委員・児童委員協議会の運営
- 子ども会・老人クラブ・障害者団体・共同募金等の事務局
- 地域福祉活動計画の策定支援

都道府県社会福祉協議会

1　利用者の権利擁護事業
- 日常生活自立支援事業
- 運営適正化委員会の運営

2　住民の生活支援事業
- 生活福祉資金貸付事業の実施

3　福祉人材センターの運営

筆者作成

ことがあるでしょう。これらの社会福祉協議会の制度の詳細は **Step 3** を参照してください。

(4) 民生委員

①民生委員とは

　民生委員は、地域住民の中から選ばれる民間のボランティア（法的には非常勤の地方公務員）であり、民生委員法に基づいているため、「制度ボランティア」や「委嘱ボランティア」と呼ばれることもあります。厚生労働大臣から委嘱され、3年に1度改選されます（再任も可）。児童福祉法が定める児童委員を兼ねることになっているため、正確な呼称は「民生委員・児童委員」です。

　配置基準は自治体の人口規模によりますが、例えば、人口10万人以上の市においては170～360世帯に1人となっています。要件は、「人格識見高く、広く社会の実情に通じ、且つ、社会福祉の増進に熱意のある者」とされています（民生委員法6条）。給与の支給はなく（必要経費を除く）、定年は75歳です。

　民生委員の歴史は、社会福祉の専門職制度が整っていなかった大正時代に遡り、地域の有力者や町内会長らを「方面委員」として位置付け、救貧行政に関わらせたことから始まります。現在、全国の民生委員の委嘱数は約23万人であり、地域住民の相談に応じ、福祉サービスの利用援助等を行う重要な役割を果たしています。

②民生委員の役割

　活動の理念は「住民の側に立った相談・支援者」であり、住民に身近な相談者であることが強調されています。生活保護においては、「協力機関」として位置付けられており（生活保護法22条）、生活保護等の相談に乗ったり、孤立化して地域に埋もれた生活困窮者を掘り起こしたりする役割が期待されています。

日常的には、ひとり暮らしの高齢者の居宅を訪問して、安否確認や見守り活動を行っています。地域のボランティアや社会福祉協議会との連携も密に行われており、各種調査活動、小地域見守り活動、サロン活動など、民生委員が社会福祉協議会の事業をサポートしていることも多くあります。近年では、災害時における活躍も期待されています。

　民生委員は、高齢者の心の支えとなることや急な事態にも対応してくれることもあって、特にひとり暮らしの高齢者にとっては、生活を影で支える存在となっています。したがって、ケアマネジャーと民生委員は連絡を取り合うことで安否確認、サービス利用状況や居所の確認等を図り、利用者についての情報交換を行っていくことが重要です。

(5)　利用者家族との関わり

　最後に、相談機関ではありませんが、連携という観点から、ケアマネジャーが悩むことが多い利用者家族との関わりについて触れておきます。

①利用者家族の理解

　一般に、家族は介護保険の利用者である高齢者自身について最も詳しい情報を持っているため、家庭訪問やアセスメントの際には家族から多くの情報を入手すべきです。しかし、居宅で家族が介護等を行っている場合、その介護者は多くの負担やストレスを抱えていることが多く、得られる情報が正確で、適切であるとは限らないことに注意が必要です。

　介護者がストレスや介護疲れを背景に、うつや不眠等の精神疾患となるケースもありますし、「老老介護」によって介護者が倒れてしまうケースもあるでしょう。家族の中に、知的障害者あるいはひきこもりやアルコール依存の状態にある者がいたり、医療費や介護費用の支払のために多重債務状態に陥っている者がいたりする場合もあるでしょう。家族が適切な支援に結び付いていない場合や緊急の場合、ケアマネジャーは一定の助言や事実確認を行った上で、適切な機関につなぐ必要があります。

また、家族や介護者による高齢者虐待も深刻化しています。身体的な危害が加えられるだけでなく、介護放棄（ネグレクト）となったり、高齢者の年金や資産が無断で使用されたりすることがあります。これらの行為は、いずれも虐待として定義付けられています。虐待を発見した場合（生命・身体に重大な危険が生じている場合）には通報の義務が課せられています（高齢者虐待防止法7条1項）。

②ケアマネジャーの役割

　家族が抱える問題への対応そのものはケアマネジャーの本来業務ではありませんが、地域包括支援センターや福祉事務所につなぐだけでなく、ケアマネジャーのちょっとした声掛けや助言によって状況が改善されることもあります。家族と関わる際には、傾聴の姿勢を見せ、共感やねぎらいを行いながら「雑談」を通した関係づくりを図ることが重要です。その中から、既にその家族に「できていること」（強み＝ストレングス）と「できていないこと」（リスク）が見えてくることがあります。家族対応は、ケアマネジャーの本来業務ではないにしても、問題の「見える化」を図り、確認と共有を行うことは重要なことです。

　家族や介護者は、自分たちの置かれている状況を客観的に理解できていないことが多く、ケアマネジャーが強みやリスクを整理し、共有することで彼らが楽になれることもあるでしょう。その際に、虐待をしている家族の場合は「真実」を語ってくれないことがあります。虐待の事実を隠すために、作り話をしたり話をそらしたりすることもあるでしょう。そのような場合には、できるだけ具体的で細かい質問をして「真実」を確認していくことが求められます。さらに、そこで得られた情報は、適切な相談機関と共有していく必要があります。

Column

医療扶助の実施と指定医療機関

1 医療扶助の内容及び範囲

　医療扶助を受ける者は、まず住所地を所管する福祉事務所長等に対して保護の申請を行います。しかし、急迫した状況にある場合は、保護の申請がなくても福祉事務所長等の職権により保護が行われます。中国残留邦人等に対する医療支援給付も同様です。

　医療扶助は、次に掲げる事項の範囲内で行われることになっています。中国残留邦人等に対する医療支援給付も同様です。

　（1）診　察
　（2）薬剤又は治療材料
　（3）医学的処置、手術及びその他の治療並びに施術
　（4）居宅における療養上の管理及びその療養に伴う世話その他の看護
　（5）病院又は診療所への入院及びその療養に伴う世話その他の看護
　（6）移　送

　上記の範囲は、国民健康保険及び健康保険における療養の給付と療養費の支給との範囲を併せたものとほぼ同様と見ることができます。これらの内容は、「現物給付」として指定医療機関に委託して行われます。ただし、保険外併用療養費の支給に係るものは、原則として生活保護の対象となりません。

2 医療扶助の実施とその流れ

　申請を受けた福祉事務所長等は、医療扶助を適用する必要があるか否かを判断する資料にするため、医療要否意見書（P.55 様式1 ）等を申請者に対し発行し、指定医療機関から意見を徴して医療の要否を確認します。中国残留邦人等に対する医療支援給付の場合は、申請者を介さず福祉事務所等から直接指定医療機関へ医療要否意見書等を送付し、意見を徴します。

　福祉事務所長等は、提出された各給付要否意見書を検討し、医療の要否、他法

コラム 医療扶助の実施と指定医療機関

（例えば、「障害者総合支援法」）の適用等について確認し、さらに、要保護者の生活状況などを総合的に判断して、医療扶助の決定を行います。医療支援給付の場合も同様です。

　生活保護では、医療扶助のみを支給することを「医療扶助単給」、医療扶助とその他の扶助をあわせて支給することを「併給」と呼びます。保護の新規開始で医療扶助を行う場合は、事前に医療要否意見書（P.55 様式1 ）が必要となる点が特徴です。

　また、医療扶助又は医療支援給付が決定された場合は、その必要とする医療の種類、例えば医療における入院、入院外、歯科、調剤等に応じてその必要とする生活保護法の医療券・調剤券（P.57 様式3 。以下、「医療券」という）が発行されます。医療券は暦月を単位として発行され、有効期間が記入されています。なお、病院において2科以上の診療科にわたり診療を受ける場合にも医療券の発行は1枚です。

　この場合の医療券の取扱いの注意点は、被保護者の診療又は調剤の給付に当たっては医療券の確認が必要だということです。一方、医療支援給付の被支援者の場合は、医療券は本人が持参せず、福祉事務所等から直接送付されるため、被支援者は本人確認証を持参します。そのため、本人確認証と福祉事務所等から送付された医療券を確認することになります。

　訪問看護についても医療券を発行しますが、これに基づき訪問看護療養費明細書で基本料を含めた費用を支払基金あてに請求することとなっています。また、基本利用料以外のその他の利用料（患者の家までの交通費など）がある場合は、「訪問看護に係る利用料請求書」により、福祉事務所等あてに直接請求することとなっています。

　また、緊急を要する場合で医療券を有しない被保護者又は被支援者であっても、診療後速やかに福祉事務所等に連絡し、医療券を受領の上で診療報酬等を請求しなければなりません。

※「高齢者の医療の確保に関する法律」が施行され、被保護者及び被支援者については後期高齢者医療制度の適用対象外となります。①75歳以上の者、②65歳以上75歳未満の者であって高齢者の医療の確保に関する法律施行令別表に定める程度の障害の状態にあるもの（被用者保険の加入者を除く）についての医療券には、原則該当するに至った日の属する月の翌月から

「後保」と表示されます（2008〈平成20〉年4月より、健康保険法等の一部を改正する法律の一部が改正されたことに伴い、老人保健法の一部が改正されたための措置）。

3　移送の取扱い

　移送の給付については、被保護者から申請があった場合、給付要否意見書（移送）等により主治医の意見を確認するとともに、福祉事務所において移送を必要とする内容を確認の上、給付決定します。医療支援給付も同様です。なお、以下のような給付の範囲の目安が定められています。

　受診する医療機関については、原則として要保護者の居住地等に比較的近距離に所在する医療機関に限ります。ただし、傷病等の状態により、要保護者の居住地等に比較的近距離に所在する医療機関での対応が困難な場合は、専門的治療の必要性、治療実績、患者である被保護者と主治医との信頼関係、同一の病態にある当該地域の他の患者の受診行動等を総合的に勘案し、適切な医療機関への受診が認められることとなります。具体的には、①医療機関に電車・バス等により受診する場合で、当該受診に係る交通費が必要な場合、②被保護者の傷病、障害等の状態により、電車・バス等の利用が著しく困難な者が医療機関に受診する際の交通費が必要な場合、③検診命令により検診を受ける際に交通費が必要となる場合、などが例として考えられます。

4　指定医療機関（生活保護法49条）

　医療扶助のための医療を担当する機関は、開設者の申請により、国の開設した医療機関については厚生労働大臣の指定、それ以外の病院、診療所、薬局等の医療機関については、都道府県知事の指定を受けることとされています。この指定を受けた医療機関を「指定医療機関」といいます。

コラム 医療扶助の実施と指定医療機関

様式1 様式第13号　医療要否意見書（例）

様式第13号

医 療 要 否 意 見 書

※1 医科　2 歯科	※1 新規　2 継続（単・併）	※受理年月日	年　月　日

（氏　名）　　　　　（　　歳）に係る医療の要否について意見を求めます。

　　　　　　　　　　　　　　　　　　　　　　　　　令和　年　月　日
　　　　　　　院（所）長　殿
　　　　　　　　　　　　　　　　　　　　　　　　　福祉事務所長　㊞

傷病名又は部位	(1) (2) (3)	初診年月日	(1)　年　月　日 (2)　年　月　日 (3)　年　月　日	転帰（継続のとき記入）	年　月　日　治ゆ　死亡　中止
主要症状及び今後の診療見込	\\multicolumn{5}{l|}{（今後の診療見込に関連する臨床検査結果等を記入して下さい。）}					

治療見込期間	入院外	か月　日間	概算医療費	(1)今回診療日以降1か月間	(2)第2か月目以降6か月目まで	福祉事務所への連絡事項
	入院期間（予定）年月日	か月　日間 年　月　日		円 （入院科　　円）	円 （入院科　　円）	

上記のとおり（1 入院外　2 入院）医療を（1 要する　2 要しない）と認めます。

　　　　　　　　　　　　　　　　　　　　　　　　　　　令和　年　月　日
福祉事務所長　殿

　　　　　　　　　　　指定医療機関の所在地及び名称
　　　　　　　　　　　院　　（所）　　長
　　　　　　　　　　　担　当　医　師（診療科名）　　　　　㊞

※嘱託医の意見	

- (切・取・線) -

※発行年月日	年　月　日	診察料・検査料請求書
※受理年月日	年　月　日	令和　年　月　日

福祉事務所長　殿
　　　　　　　　　　　　　　　　指定医療機関の所在地及び名称
　下記のとおり請求します。　　　指定医療機関の長又は開設者氏名　㊞

この券による診療年月日	年　月　日	※受診者氏名	（　　歳）		
請求額	診察料　初・再 〃 〃 合　計	点 〃 〃 点	(検査名) ※社保等負担額	円	差引計　　　円　㊞

※発行取扱者

様式2 様式第17号 保護変更申請書(傷病届)、訪問看護要否意見書(新規・継続)(例)

様式第17号

保 護 変 更 申 請 書 （ 傷 病 届 ）

※指定医療機関名		※発行年月日	
		※受理年月日	

利用者氏名		居住地	
世帯主氏名		現在受けている扶助	生・住・教・医・その他
病状及び理由			

上記のとおり生活保護法による保護の変更を申請します。

　　　　　　　　　　　　　　　　　　　　　　年　　月　　日

　福祉事務所長　殿

　　　　　　　　　　　　　住　所
　　　　　　　　　申請者　氏　名　　　　　　　㊞
　　　　　　　　　　　　　利用者との関係

訪問看護　要否意見書（新規・継続）

※利用者氏名			※生年月日	年　月　日
主たる病名			訪問看護開始年　月　日	年　月　日
病状・治療状態(改善の見込み等)				
訪問看護見込期間	か月	訪問看護見込回数(1週当たり)	1　1回　　4　4回以上 2　2回　　5　その他 3　3回　（週当たり　回）	
実施が適当と思われる訪問看護事業者	所在地			
	名　称			

上記のとおり　訪問看護を（1　要する　2　要しない）と認めます。

　　　　　　　　　　　　　　　　　　　　　　年　　月　　日

　福祉事務所長　殿

　　　　　　　　　指定医療機関の所在地及び名称
　　　　　　　　　指定医療機関の長又は開設者氏名　　　㊞

※福祉事務所嘱託医意見	1　訪問看護の要否（ア　要する　　イ　要しない） 2　訪問看護見込期間（　　か月） 3　訪問看護見込回数（1週当たり　　回（週当たり　回）） 4　参考意見 　　　　　　　　　　　　　　　年　　月　　日 　　　　　　　　　　　嘱託医　　　　　　㊞

（注意）　1　※印の欄は、福祉事務所で記入します。
　　　　　2　「訪問看護」の部分は、不要なものを──で消してください。

コラム 医療扶助の実施と指定医療機関

様式3 様式第23号　生活保護法医療券・調剤券（例）

様式第23号

生活保護法医療券・調剤券（　　年　　月分）

公費負担者番号							有効期間	日から 日まで

受給者番号						単独・併用別	単　独　・　併　用

※交付番号	交付

氏　　　名	（男・女）明・大・昭・平・令　年　月　日生
居　住　地	
指定医療機関名	

傷病名	(1)	診療別	入　院　　歯　科 入院外　　調　剤 訪　問　看　護
	(2)		
	(3)	本人支払額	円

地区担当員名　　　　　取扱担当者名

福祉事務所長　印

備考	社　会　保　険						あり　（健・共）　なし						
	感染症の予防及び感染症の患者に対する医療に関する法律第37条の2						あり　　　　　　　なし						
	そ　の　他												

備考1　この用紙は、A列4番白色紙黒色刷りとすること。
　　2　「指定医療機関名」欄に指定訪問看護事業者の名称を記入する場合には、訪問看護ステーションの名称も併せて記入すること。
　　※　交付番号については、レセプトの作成にあたり、医科、歯科、調剤は摘要欄に、訪看は特記事項欄に、DPCレセプトの場合は出来高情報欄に記載すること。

Column

介護扶助の仕組み

1 給付の範囲

介護扶助の対象となる事項（生活保護法15条の2）

＜★介護保険の給付対象となるサービスと基本的には同一の内容＞

居宅介護（居宅介護支援計画に基づき行うものに限る） 　なお、居宅介護には、次のサービスも含まれる。 　①居宅介護支援計画の作成費用 　　・「被保険者以外」の場合・・・介護扶助（公費）から全額支給 　　・「被保険者」の場合・・・・・介護保険で全額支給 　②介護保険法第62条に規定する市町村特別給付に係るサービスのうち、介護扶助に必要であると認められるもの 　③介護保険法第42条第1項第3号に該当する場合に提供されるサービス（離島等における相当サービス） 　④介護保険法第40条第3項に規定する地域密着型介護サービス
福祉用具〔福祉用具購入費〕
住宅改修〔住宅改修費〕
施設介護
介護予防（介護予防支援計画に基づき行うものに限る）
介護予防福祉用具
介護予防住宅改修
移送費〔介護保険制度にはない生活保護制度独自のもの〕

2 生活保護受給者の介護扶助

　介護扶助は、生活保護を受給している（困窮のため最低限度の生活を維持することのできない）者で、介護保険法に規定する要介護及び要支援状態にある者を対象としています（生活保護法15条の2）。生活保護受給者のうち、介護保険の被保険者に該当する人は、保険料や保険給付については、次のような考え方に基

づいて運用が行われます。

(1) 65歳以上の生活保護受給者

65歳以上の生活保護受給者は介護保険の第1号被保険者となるので、介護保険の保険料は「介護保険料加算」によってまかなわれます。また、介護保険のサービス利用については負担分の1割について介護扶助を適用します。

(2) 40歳以上65歳未満の生活保護受給者

生活保護受給者は、国民健康保険が適用除外のため、他の医療保険に加入していない大多数の40歳以上65歳未満の生活保護受給者は、介護保険の第2号被保険者となることができません。その被保険者以外の者が介護保険と同様のサービスを受けた場合は、費用の全額が介護扶助となります（いわゆる「みなし2号」。表1 参照）。

表1 給付の対象者と給付割合

65歳以上の介護保険被保険者（第1号被保険者）で、介護保険法に規定する要介護又は要支援の状態にある被保護者	介護保険の利用者負担分（介護サービス費用の1割）及び施設サービスにおける食事の標準負担額
40歳以上65歳未満の介護保険被保険者（第2号被保険者）で、介護保険法に規定する特定疾病により要介護又は要支援の状態にある被保護者	介護保険の利用者負担分（介護サービス費用の1割）及び施設サービスにおける食事の標準負担額
40歳以上65歳未満の介護保険の被保険者以外の者で、介護保険法に規定する特定疾病により要介護又は要支援の状態にある被保護者（みなし2号）	全額負担

※生活保護法における「補足性の原理」により、介護保険の保険給付が行われる場合には、介護保険の保険給付が優先し、利用者負担分のみ介護給付の対象となります。

筆者作成

3　給付の方針
(1) 居宅介護及び施設介護サービス
　介護保険制度の保険給付の対象となる介護サービスと同等のサービスを給付します。また、介護施設入所者については、食事の標準負担についても介護扶助の対象となります。

(2) 福祉用具等
①給付方針
　福祉用具等は、厚生労働大臣が定める特定福祉用具販売に係る特定福祉用具の種目及び厚生労働大臣が定める特定介護予防福祉用具販売に係る特定介護予防福祉用具の種目（平成11年厚生省告示第94号）に規定する種類の福祉用具であること。

②費用
　被保護者の保険者たる市町村（みなし2号については居住する市町村）における、介護保険法に規定する居宅介護福祉用具購入費支給限度基準額又は介護予防福祉用具購入費支給限度基準額の範囲内において必要な最小限の額とすること。

(3) 住宅改修等
①給付方針
　住宅改修等の範囲は、厚生労働大臣が定める居宅介護住宅改修費等の支給に係る住宅改修の種類（平成11年厚生省告示第95号）に規定する種類の住宅改修であること。

②費用
　被保護者の保険者たる市町村（みなし2号については居住する市町村）における介護保険法に規定する居宅介護住宅改修費支給限度基準額又は介護予防住宅改修費支給限度基準額の範囲内において必要な最小限度の額とすること。

コラム 介護扶助の仕組み

（4）移送

①訪問介護、訪問入浴介護、訪問看護、訪問リハビリテーション、通所介護、通所リハビリテーション、福祉用具貸与、定期巡回・随時対応型訪問介護看護、夜間対応型訪問介護、認知症対応型通所介護、小規模多機能型居宅介護、看護小規模多機能型居宅介護、地域密着型通所介護、介護予防訪問入浴介護、介護予防訪問看護、介護予防訪問リハビリテーション、介護予防通所リハビリテーション、介護予防福祉用具貸与、介護予防認知症対応型通所介護及び介護予防小規模多機能型居宅介護の利用に伴う交通費又は送迎費（被保護者の居宅が当該事業所の通常の事業の実施地域以外である事業者により行われる場合であって、近隣に適当な事業者がない等真にやむを得ないと認められる場合に限る）

②短期入所生活介護、短期入所療養介護、介護予防短期入所生活介護及び介護予防短期入所療養介護の利用に伴う送迎費

③居宅療養管理指導及び介護予防居宅療養管理指導のための交通費

④介護施設への入所、退所に伴う移送のための交通費

☆みなし２号の場合、自立支援給付（障害者総合支援法）による障害福祉等サービスの給付を受けることができる場合は、それらを優先的に活用します。

表2 介護扶助制度の概要

	65歳以上の介護保険被保険者（第1号被保険者）	40歳以上65歳未満	
		介護保険被保険者（第2号被保険者）	被保険者以外の者（みなし2号）
給付対象者	○要介護者 特に介護を必要とする状態 ○要支援者 介護の必要はないが、日常生活に支援が必要な状態	○介護保険法施行令第2条各号の特定疾病（老化が原因とされる病気）により要介護状態又は要支援状態になった者 【特定疾病】 末期がん（医師が判断した者に限る）、関節リウマチ、筋萎縮性側索硬化症、後縦靱帯骨化症、骨折を伴う骨粗鬆症、初老期における認知症、進行性核上性麻痺、大脳皮質基底核変性症及びパーキンソン病、脊髄小脳変性症、脊柱管狭窄症、早老症、多系統萎縮症、糖尿病性神経障害、糖尿病性腎症及び糖尿病性網膜症、脳血管疾患、閉塞性動脈硬化症、慢性閉塞性肺疾患、両側の膝関節又は股関節に著しい変形を伴う変形性関節症	
保険料	○保険料は市町村ごとに所得別に設定されるが、生活保護では、最も低い段階が適用される	○保険料は加入している医療保険者ごとに所得額に応じて設定される	○介護保険の被保険者ではないため、保険料の負担はない
納付方法	○市町村が徴収 ○月1万5千円以上の老齢基礎年金等受給者は、年金からの天引き	○加入している医療保険の保険料と一括して徴収 （健康保険の被扶養者は、医療保険被保険者全体で負担するので、直接負担はない）	

出典：『生活保護法　指定介護機関の手引（平成26年4月）』大阪府福祉部地域福祉推進室社会援護課、2014年

コラム 介護扶助の仕組み

図1　介護扶助の内容

（1）介護保険被保険者（第1号被保険者及び第2号被保険者）

①居宅サービス

介護保険給付（9割)	介護扶助（1割）
介護サービス	

②施設サービス

介護保険給付（9割）	介護扶助（1割）	介護保険給付	介護扶助（標準負担額 300円／日）
介護サービス		食事	

（2）被保険者以外の者（みなし2号）

①居宅サービス

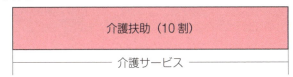

②施設サービス

介護扶助（10割）	介護扶助（10割）
介護サービス	食事

出典：表2に同じ

表3 介護保険制度における食費・居住費についての生活保護制度の対応

○介護保険施設入所者に係る多床室の費用負担について

居住費 (基準額 約1万円)	施設サービス等に要した費用	食事の提供 (基準額 約4.2万円)
補足給付 (低所得者) ※生保は基準額と同額のため自己負担なし	施設介護サービス費(介護報酬) ※高額介護サービス費(1割分－1.5万円)	補足給付(低所得者のみ) 上限約3.2万円(生保の場合)
	1割負担(生保:1.5万円上限)	自己負担額 (生保) 300円/日

■ 介護保険の給付範囲　□ 介護扶助(生活保護)の給付範囲

注：補足給付(特定入所者介護サービス費)は、食費又は居住費の額が「基準費用額」の範囲内の場合に「基準費用額－負担限度額」の範囲内で給付される。

○被保護者に係る食費及び居住費の負担者

受給者年齢	サービス種類	食費・居住費等の区分	居室の類型	負担限度額	基準費用額と負担限度額の差
65歳以上(保険併用)	施設サービス	食費		介護扶助(生活保護)	介護保険 (特定入所者介護サービス費)
		居住費	多床室	0円	
			個室等	(原則多床室入所とする)	
	短期入所サービス	食費		利用者	
		滞在費	多床室	0円	
			個室等	利用者	
	通所サービス	食費		全額利用者(補足給付なし)	

受給者年齢	サービス種類	食費・居住費等の区分	居室の類型	負担限度額	基準費用額と負担限度額の差
40～64歳(生保単独)	施設サービス	食費		介護扶助(生活保護)	
		居住費	多床室	0円	介護扶助(生活保護)
			個室等	(原則多床室入所とする)	
	短期入所サービス	食費		利用者	
		滞在費	多床室	0円	介護扶助(生活保護)
			個室等	利用者	
	通所サービス	食費		全額利用者	

○「基準費用額」及び被保護者の「負担限度額」

(日額)

	ユニット型個室		ユニット型準個室		従来型個室		多床室	
	基準費用額	負担限度額	基準費用額	負担限度額	基準費用額	負担限度額	基準費用額	負担限度額
食費	1,392円	300円	1,392円	300円	1,392円	300円	1,392円	300円
居住費	2,006円	820円	1,668円	490円	(特養等) 1,171円 (老健・療養・医療院等) 1,668円	320円 490円	(特養等) 855円 (老健・療養・医療院等) 377円	0円 0円

出典：『生活保護法 指定介護機関の手引(平成26年4月)』大阪府福祉部地域福祉推進室社会援護課、2014年、一部改変

コラム 介護扶助の仕組み

4 介護扶助の申請から決定まで

①介護扶助の申請

　介護扶助を受けようとする者は、福祉事務所の長に対して保護の申請をする必要があります。

ア　介護保険の被保険者（第１号被保険者及び第２号被保険者）である被保護者

　保護申請書（保護変更申請書）に、介護保険の被保険者証、居宅介護支援計画等の写し（サービス利用票兼居宅サービス計画及びサービス利用票別表）を添付し、福祉事務所長に提出します。

イ　みなし２号

　保護申請書（保護変更申請書）に介護扶助を必要とする理由等を記載した上で、福祉事務所長に提出します。

　福祉事務所長は市町村の介護認定審査会に要介護状態の審査判定を委託し、その結果に基づき、要介護認定等を行います。

②介護扶助の決定

　福祉事務所は、要介護認定結果及び居宅介護支援計画等に基づき、介護扶助の決定を行います。居宅介護に係る介護扶助の程度は、介護保険法に定める居宅介護サービス費等区分支給限度基準額又は介護予防サービス費等区分支給限度基準額の範囲内とします。
　また、介護扶助に優先して活用することのできる他法他施策がある場合は、他法他施策を活用します。

③介護券の発行

　介護扶助は、福祉用具や住宅改修及び移送を除き、介護券を発行して行われます。介護券は暦月を単位として、サービスの給付を委託される指定介護機関に福祉事務所から送付されます。

　介護券の取扱いについては、以下の点に留意してください。

ア　有効な介護券であることの確認

　被保護者への介護サービスの提供に当たっては、有効な介護券であるかを確認してください。介護券は福祉事務所において所要事項が記載され、福祉事務所長印が押されたものをもって有効とします。

イ　本人支払額の徴収

　介護券に本人支払額が記載されている場合は、その額を被保護者から徴収してください。外泊等でその全額が徴収できない場合は、速やかに介護券を発行した福祉事務所にその旨を連絡し調整してください。

　なお、居宅介護の場合の本人支払額の上限は１万 5,000 円、施設介護の場合の本人支払額の上限は１万 5,000 円＋入所日数に 300 円を乗じて得た額※です。

※介護保険被保険者に限ります。みなし２号の者については介護費全額が上限です。

ウ　介護券の保管及び処分

　指定介護機関の支払請求月から最低６カ月間保存し、保存期間終了後は、指定介護機関の責任のもと、プライバシーの保護に留意の上、処分してください。

コラム 介護扶助の仕組み

図2 介護扶助の給付事務手続きの流れ

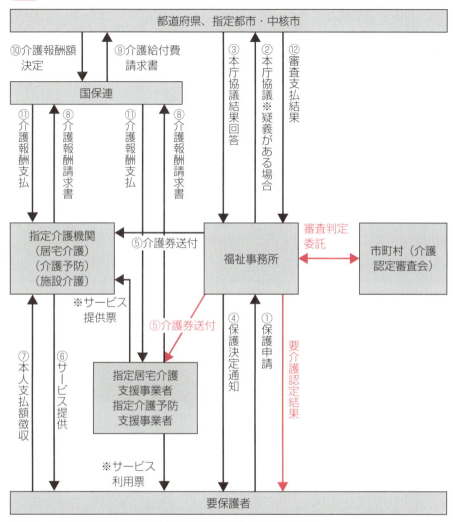

(注) 1　色矢印は被保険者以外の者（生保10/10負担）にかかる手続き。
　　 2　※は、介護保険法上の仕組みであり、居宅介護等の場合のみ送付される。
　　 3　被保険者については、被保険者の申請に基づいて介護保険の要介護認定、介護サービス計画作成等の手続きが行われていることを前提としている。
　　 4　①について、居宅の場合サービス利用票を添付すること。
　　 5　⑦については、介護券に記載がある場合に限る。
　　 6　⑧について、介護券から必要事項をレセプトに転記の上請求すること。

出典：『生活保護手帳 2016年度版』863頁、中央法規出版、2016年、一部改変

5　介護機関の指定
（1）指定介護機関とは
　指定介護機関とは、生活保護法による介護扶助を行うため、介護を担当する機関をいい、国の開設した介護機関にあっては厚生労働大臣が、その他の介護機関については都道府県知事、政令指定都市市長及び中核市市長が、管内の事業者について、その事業ごとに指定します。

（2）介護機関の指定申請手続き
　新たに指定を受けようとする介護機関は、福祉事務所に備え付けてある指定申請書正副2通及び必要書類を事業所の所在地を所管する福祉事務所へ提出することとなっています。なお、生活保護法第54条の2（第50条の2を準用）「介護機関の指定等」のとおり指定された介護機関において以下のような事由が生じた場合、届出が必要となります。

> 　指定介護機関は、当該指定介護機関の名称その他厚生労働省令で定める事項に変更があつたとき、又は当該指定介護機関の事業を廃止し、休止し、若しくは再開したときは、厚生労働省令で定めるところにより、10日以内に、その旨を第49条の指定をした都道府県知事に届け出なければならない。

（3）指定基準
①介護保険法の規定による指定又は許可を受けているものであって、介護扶助のための介護について理解を有していると認められるものであること。
②「指定介護機関介護担当規程」（平成12年厚生省告示第191号）及び「生活保護法第54条の2第4項において準用する同法第52条第2項の規定による介護の方針及び介護の報酬」（平成12年厚生省告示第214号）に従って、適切に介護サービスを提供できると認められるものであること。
③法による取消しを受けた介護機関にあっては、原則として取消しの日から5年以上経過したものであること。ただし、法による指定取消しと同一の事由により介護保険法による指定又は開設の許可が取消された場合であって、当該事由

が解消されたとして再度介護保険法による指定又は開設の許可がなされたときは、この限りではないこと。
④特定施設入所者生活介護、認知症対応型共同生活介護、地域密着型特定施設入所者生活介護、介護予防特定施設入所者生活介護及び介護予防認知症対応型共同生活介護については、入居に係る利用料が住宅扶助により入居できる額であること。

6　介護扶助の申請から決定までの流れ

　介護扶助が申請されてから福祉事務所長が介護扶助の決定・介護券を発行するまでには、 図3 に示されているような流れで手続きが行われます。

図3 介護扶助の申請から決定まで

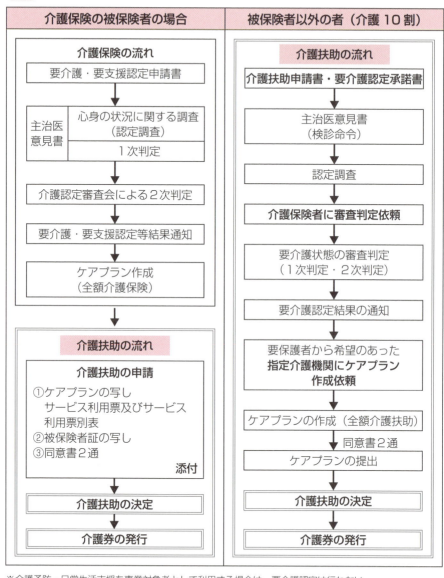

※介護予防・日常生活支援を事業対象者として利用する場合は、要介護認定は行わない。
【同意書】①居宅介護（介護予防）支援事業者への被保護者情報の提供に係る同意書
　　　　　②居宅介護（介護予防）事業者から福祉事務所へのケアプランの直接交付に係る同意書
出典：『生活保護法中国残留邦人等支援法　指定介護機関のしおり（平成28年4月）』東京都福祉保健局生活福祉部、2016年

コラム 介護扶助の仕組み

【引用・参考文献】
- 『平成28年　福祉事務所人員体制調査について』厚生労働省、2017年
- 『社会福祉の動向2016』社会福祉の動向編集委員会編、中央法規出版、2016年
- 『福祉事務所運営論（第4版）』宇山勝儀・船水浩行編著、ミネルヴァ書房、2016年
- 『新版　福祉事務所ソーシャルワーカー必携　生活保護における社会福祉実践』岡部卓著、全国社会福祉協議会、2014年
- 『社会福祉法の解説』社会福祉法令研究会編、中央法規出版、2001年
- 『生活保護のてびき　平成30年度版』生活保護制度研究会編、第一法規、2018年
- 『高齢者虐待防止のための家族支援　安心づくり安全探しアプローチ（AAA）ガイドブック』副田あけみ・土屋典子・長沼葉月著、誠信書房、2012年
- 『概説　社会福祉協議会』和田敏明・渋谷篤男編、全国社会福祉協議会、2015年
- 『生活保護法　指定介護機関の手引（平成26年4月）』大阪府福祉部地域福祉推進室社会援護課、2014年
- 『生活保護手帳2016年度版』中央法規出版、2016年
- 『生活保護法及び中国残留邦人等支援法　指定医療機関のしおり（平成28年1月）』東京都福祉保健局生活福祉部、2016年
- 『生活保護法中国残留邦人等支援法　指定介護機関のしおり（平成28年4月）』東京都福祉保健局生活福祉部、2016年
- 『生活保護法　指定介護機関の手引（平成25年11月）』埼玉県福祉部社会福祉課医療保護・ホームレス対策担当、2013年
- 『生活保護制度における介護扶助の概要について』栃木県保健福祉部保健福祉課生活保護担当・宇都宮市保健福祉部生活福祉第2課、2015年
- 『介護保険被保険者以外の者の介護扶助と自立支援給付等との適用関係マニュアル（平成26年4月）』千葉市保健福祉局保護課、2014年
- 『生活保護法による介護扶助について（平成28年6月）』茨城県保健福祉部福祉指導課、2016年
- 『平成29年版厚生労働白書　資料編』194頁、厚生労働省、2018年

生活保護以外の制度の活用

　ここでは、経済的に困窮する人や費用負担が困難な人等が利用できる、生活保護以外の制度について、障害福祉・医療に関する制度、生活困窮者自立支援制度、生活福祉資金貸付制度を中心に理解を深めます。

1 障害福祉・医療に関する制度

　高齢者が利用できる福祉サービスといえば、介護保険によるサービスが中心となっていますが、障害や難病のある高齢者が利用できる制度や、経済的に困窮する高齢者にとってメリットの大きい制度については、生活保護以外にも数多く存在しています。ここでは代表的な2つに絞り、説明します。

(1) 障害者総合支援法による障害福祉等サービス・自立支援医療

①対象

　身体障害がある場合は、身体障害者福祉法に基づく身体障害者手帳の交付を受け、障害者総合支援法（2012〈平成24〉年制定、前身の障害者自立支援法は2005〈平成17〉年制定）によるサービス給付を受けることができます。知的障害や精神障害がある場合は、障害者手帳を持っていなくても、市町村が必要に応じて知的障害者更生相談所に意見を求めて確認することができること、及び精神障害を理由とする障害年金の受給を証明する書類や医師の診断書などによって障害があると判断できることで、やはり障害者総合支援法の対象となります。加えて、難病の一部についても同法の給付対象となっています。

②障害福祉等サービスの内容

　障害者総合支援法による障害福祉等サービスの内容は、介護保険と類似しており、基本は「自立支援給付」と「地域生活支援事業」で構成されています。自立支援給付には、介護給付と訓練等給付があります（ 表1 参照）。また、障害のある人の医療費の自己負担を軽減するための公費負担医療制度として、障害者総合支援法が規定する「自立支援医療」があります。これには、精神疾患があり通院による精神医療を継続的に要する人に対する「精神通院医療」や身体障害者のための「更生医療」等が定められています。

③利用手続きと費用負担

　障害福祉等サービスを利用するには、市町村において障害支援区分の認定を受け、市町村が指定する相談支援事業者でサービス等利用計画案を作成する必要があります。費用負担は応能負担となっており、所得に応じて負担上限月額が設定されています。所得を判断する際の世帯の範囲は、18歳以上の障害者であれば、障害のある人とその配偶者のみとなっています。

　また、同一の世帯に障害福祉等サービスを利用する障害者等が複数いる場合や、障害福祉等サービスと介護保険法に基づく居宅サービス等を併用する障害者等がいる場合などで、障害者総合支援法による障害福祉等サービスに係る利用者負担の合計額が一定の額を超える場合には、「高額障害福祉サービス等給付費」によって負担が軽減されます。また、これとは別に、自立支援医療にも自己負担に関する規定があります。

> 介護保険サービスと障害福祉等サービスの関係の詳細については、Case 4及び本シリーズ①『そうだったのか！仕組みがわかる・使える障害者福祉』をご参照ください。

表1 障害者総合支援法に基づく障害福祉等サービスの自立支援給付

1 介護給付

①居宅介護 （ホームヘルプ）	自宅で、入浴、排せつ、食事の介護等を行います。
②重度訪問介護	重度の肢体不自由者又は重度の知的障害若しくは精神障害により、行動上著しい困難を有する人で常に介護を必要とする人に、自宅で、入浴、排せつ、食事の介護、外出時における移動支援などを総合的に行います。2018（平成30）年4月より、入院時も一定の支援が可能となりました。
③同行援護	視覚障害により、移動に著しい困難を有する人に、移動に必要な情報の提供（代筆・代読を含む）、移動の援護等の外出支援を行います。
④行動援護	自己判断能力が制限されている人が行動するときに、危険を回避するために必要な支援や外出支援を行います。
⑤重度障害者等 包括支援	介護の必要性がとても高い人に、居宅介護等複数のサービスを包括的に行います。
⑥短期入所 （ショートステイ）	自宅で介護する人が病気の場合などに、短期間、夜間も含め施設で、入浴、排せつ、食事の介護等を行います。
⑦療養介護	医療と常時介護を必要とする人に、医療機関で機能訓練、療養上の管理、看護、介護及び日常生活の支援を行います。
⑧生活介護	常に介護を必要とする人に、昼間、入浴、排せつ、食事の介護等を行うとともに、創作的活動又は生産活動の機会を提供します。
⑨施設入所支援 （障害者支援施設 　での夜間ケア等）	施設に入所する人に、夜間や休日、入浴、排せつ、食事の介護等を行います。

2 訓練等給付

①自立訓練	自立した日常生活又は社会生活ができるよう、一定期間、身体機能又は生活能力の向上のために必要な訓練を行います。機能訓練と生活訓練があります。
②就労移行支援	一般企業等への就労を希望する人に、一定期間、就労に必要な知識及び能力の向上のために必要な訓練を行います。
③就労継続支援 （A型＝雇用型、 B型＝非雇用型）	一般企業等での就労が困難な人に、働く場を提供するとともに、知識及び能力の向上のために必要な訓練を行います。 雇用契約を結ぶA型と、雇用契約を結ばないB型があります。
④就労定着支援	一般就労に移行した人に、就労に伴う生活面の課題に対応するための支援を行います。
⑤自立生活援助	一人暮らしに必要な理解力・生活力等を補うため、定期的な居宅訪問や随時の対応により日常生活における課題を把握し、必要な支援を行います。
⑥共同生活援助 （グループホーム）	共同生活を行う住居で、相談や日常生活上の援助を行います。また、入浴、排せつ、食事の介護等の必要性が認定されている方には介護サービスも提供します。 さらに、グループホームを退居し、一般住宅等への移行を目指す人のためにサテライト型住居があります。

出典：『障害福祉サービスの利用について（2018年4月版）』4頁、全国社会福祉協議会、2018年、一部改変

(2) 医療保険による高額介護合算療養費

世帯内の同一の医療保険の加入者であれば、1年間にかかった医療保険と介護保険の自己負担額（高額療養費及び高額介護〈予防〉サービス費の支給を受けることができる場合には、その額を除く。）を合計し、一定の基準額を超えた場合に、その超えた金額が償還（払い戻し）されます。これは、介護保険の高額介護サービス費と医療保険の高額療養費をセットにした制度として定められています（ 表2 参照）。

表2 高額介護合算療養費制度の見直しについて

制度概要
○高額介護合算療養費制度とは、医療保険と介護保険における1年間（毎年8月1日～翌年7月31日）の自己負担の合算額が高額な場合に、さらに負担を軽減する制度。
※医療保険制度の世帯に介護保険の受給者がいる場合に、被保険者からの申請に基づき、高額療養費の算定対象となる世帯単位で、医療保険と介護保険の自己負担を合算した額が限度額を超えた場合に支給。
※給付費は、医療保険者、介護保険者の双方が、自己負担額の比率に応じて按分して負担。

見直し内容
○現役並み所得者については、現役世代と同様に、細分化した上で限度額を引き上げ。
○一般区分については、限度額を据え置く。

<現行>

	70歳以上（注2）
現役並み（年収370万円～） 健保　標報28万円以上 国保・後期　課税所得145万円以上	67万円
一般（年収156～370万円） 健保　標報26万円以下 国保・後期　課税所得145万円未満（注1）	56万円
市町村民税世帯非課税	31万円
市町村民税世帯非課税 （所得が一定以下）	19万円 （注3）

細分化+上限引き上げ / 据え置き

<平成30年8月～>

	70歳以上（注2）	[参考]70歳未満（注2）
年収約1160万円～ 標報83万円以上 課税所得690万円以上	212万円	212万円
年収770万～1160万円 標報53～79万円 課税所得380万円以上	141万円	141万円
年収370万～770万円 標報28～50万円 課税所得145万円以上	67万円	67万円
一般（年収156～370万円） 健保　標報26万円以下 国保・後期　課税所得145万円未満（注1）	56万円	60万円
市町村民税世帯非課税	31万円	34万円
市町村民税世帯非課税 （所得が一定以下）	19万円 （注3）	34万円

（注）1　収入の合計額が520万円未満（1人世帯の場合は383万円未満）の場合及び旧ただし書所得の合計額が210万円以下の場合も含む。
　　　2　対象世帯に70～74歳と70歳未満が混在する場合、まず70～74歳の自己負担合算額に限度額を適用した後、残る負担額と70歳未満の自己負担合算額を合わせた額に限度額を適用する。
　　　3　介護サービス利用者が世帯内に複数いる場合は31万円。

出典：『高額療養費制度の見直しについて』厚生労働省ホームページ

2 生活困窮者自立支援制度

(1) 生活困窮者自立支援制度とは

　生活困窮者自立支援制度は、生活困窮者に対して自立相談支援事業、就労準備支援事業、一時生活支援事業、家計相談支援事業等の各種事業を実施し、生活困窮者の自立の促進を図ることを目的とした制度です。生活困窮者自立支援法として、2013（平成25）年12月に制定されました。ここでいう「生活困窮者」とは、「就労の状況、心身の状況、地域社会との関係性その他の事情により、現に経済的に困窮し、最低限度の生活を維持することができなくなるおそれのある者」（生活困窮者自立支援法3条）であるとされています。

(2) 事業の内容

　各種事業のうち、自立相談支援事業は自治体の必須事業として定められています。福祉事務所設置自治体は、就労その他の自立に関する相談支援、事業利用のためのプラン作成等を中心とした自立相談支援事業を実施しなければなりません。社会福祉協議会や社会福祉法人・NPO法人等への委託も可能であり、それらの組織との連携の中で事業を展開している自治体が多くあります。なお、生活困窮者自立支援法の必須事業には、離職により住宅を失った現役世代の生活困窮者等に対して、家賃相当の「住居確保給付金」を支給する仕組みもあります。

　一方、任意事業として定められているのが、就労準備支援事業、一時生活支援事業、家計相談支援事業、学習支援事業であり、各自治体によってメニューは様々です（ 図1 ・ 図2 参照）。これらの事業のうち高齢者に関わるものとして家計改善支援事業に触れておきます。この事業は、経済的問題を抱えている利用者の家計の状況を確認して、支援員が継続的に家計管理の支援を行うものです。支援員は利用者とともに経済的な課題を把握・理解し、利用者自身が家計を管理する意欲を高めるために、個別の「家計再生プラン

Step 3 生活保護以外の制度の活用

図1 生活困窮者自立支援の全体像

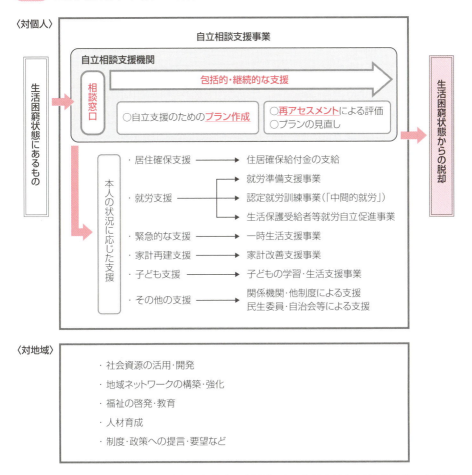

出典：『生活困窮者自立支援　支援の考え方・制度解説・支援方法』岡部卓編著、中央法規出版、2018年を一部改変

（家計再建支援計画）」を立てて支援を展開していきます。その内容は、家賃・税金・公共料金の滞納の解消、手当や年金等の各種給付制度の利用に向けた支援、多重債務者相談窓口との連携を含む債務整理に関する支援、貸付のあっせん等を行うとされています。

図2　生活困窮者自立支援制度における各事業の概要

事業名	概要
自立相談支援事業	・生活困窮者及びその家族その他の関係者からの相談に応じ、アセスメントを実施して個々人の状態にあったプランを作成し、必要な支援の提供につなげる ・関係機関との連絡調整・関係機関への同行訪問や就労支援員による就労支援等を行う ・関係機関とのネットワークづくりと地域に不足する社会資源の開発等に取り組む
住居確保給付金支給	・離職により住宅を失った又はそのおそれが高い生活困窮者であって、収入等が一定水準以下の者に対して、有期で家賃相当額を支給
就労準備支援事業	・直ちに一般就労への移行が困難な生活困窮者に対して、一般就労に従事する準備としての基礎能力の形成を、計画的かつ一貫して支援 ・最長で１年間の有期の支援を想定 ・生活習慣形成のための指導・訓練（日常生活自立に関する支援）、就労の前段階として必要な社会的能力の習得（社会自立に関する支援）、事業所での就労体験の場の提供や、一般雇用への就職活動に向けた技法や知識の取得等の支援（就労自立に関する支援）の３段階。事業の形式は、通所によるものや合宿によるもの等を想定
認定就労訓練事業	・社会福祉法人、NPO法人、民間企業等の自主事業として実施。利用者の状況に応じた作業等の機会（清掃、リサイクル、農作業等）の提供と併せ、個々人の就労支援プログラムに基づき、就労支援担当者による一般就労に向けた支援を実施 ・対象者は、就労準備支援事業を利用しても一般就労への移行ができない者等を想定 ・事業実施に際し、都道府県等が事業を認定する仕組みとする
一時生活支援事業	・住居のない生活困窮者であって、収入等が一定水準以下の者に対して、一定期間（原則３か月）内に限り、宿泊場所の供与や衣食の供与等を実施 ・過去に上記支援を利用していた、現在は住居を有する生活困窮者、及び、現在の住居を失うおそれのある、地域社会から孤立している生活困窮者に対して、一定期間（省令が定める期間）、訪問による情報提供・助言など日常生活上必要な便宜の供与を実施 ・本事業を利用中に、できるだけ一般就労に結びつくよう自立相談支援事業と適切に連携する
家計改善支援事業	・家計に問題を抱える生活困窮者からの相談に応じ、家計に関するアセスメントを行い、家計の状況を「見える化」し、家計再生の計画・家計に関する個別のプランを作成し、利用者の家計改善の意欲を高める取り組み ①家計管理に関する支援 ②滞納の解消や各種給付制度等の利用に向けた支援 ③債務整理に関する支援 ④貸付けのあっせん　など
子どもの学習・生活支援事業	・生活困窮者の子どもの学習援助を行う ・生活困窮者の子どもとその保護者に、子どもの生活習慣・育成環境の改善を助言する ・生活困窮者の子どもの進路選択など教育・就労問題について、子どもとその保護者の相談に応じ、情報提供・助言や関係機関との連絡調整を行う
その他の生活困窮者の自立の促進を図るために必要な事業	・地域の実情に応じた柔軟かつ多様な取り組みを支援 ・例えば、就労訓練事業の立ち上げ支援や育成支援など生活困窮者の自立の促進のために必要な事業を実施

出典：図１に同じ（一部改変）

家計改善支援事業については、次にあげる社会福祉協議会の生活福祉資金貸付制度と一体的に実施している自治体も多く、さらに生活困窮者自立支援制度では、この家計改善支援事業と自立相談支援事業及び就労準備支援事業と一体的に実施することが望ましく、重要であるとされています。

3 生活福祉資金貸付制度

(1) 生活福祉資金貸付制度とは

　生活福祉資金貸付制度は、低所得者世帯などに対して低利又は無利子での資金の貸付と必要な支援を行うことにより、経済的自立や生活意欲の助長促進と社会参加を図り、その世帯の安定した生活を確保することを目的としています。実施主体は都道府県社会福祉協議会ですが、相談窓口は市町村社会福祉協議会に置かれており、生活相談や支援は民生委員の協力のもとに行われています。支給対象は、低所得者世帯（生活保護世帯を含む）、障害者世帯、高齢者世帯です（表3 参照）。

表3 生活福祉資金貸付制度の貸付対象世帯

低所得世帯	資金の貸付けにあわせて必要な支援を受けることにより独立自活できると認められる世帯であって、必要な資金を他から借り受けることが困難な世帯（市町村民税非課税程度）。
障害者世帯	身体障害者手帳、療育手帳、精神障害者保健福祉手帳の交付を受けた者（現に障害者総合支援法によるサービスを利用している等これと同程度と認められる者を含みます。）の属する世帯。
高齢者世帯	65歳以上の高齢者の属する世帯（日常生活上療養または介護を要する高齢者等）。

出典：『生活福祉資金について』全国社会福祉協議会ホームページ（www.shakyo.or.jp）

(2) 貸付の内容

　貸付内容としては、生活再建や住居の賃貸契約を結ぶための費用等を含む「総合支援資金」をはじめ、技能習得費、住宅改築費、福祉用具購入費等を含む「福祉資金」などがあります。また、福祉資金に含まれる「緊急小口資金」は、例えば、滞納している公共料金の支払などに充てるような、小額の貸付を行うものです。さらに、低所得の高齢者世帯に対しては、住居（不動産）を担保として生活資金を貸し付ける「不動産担保型生活資金」があります。これらの貸付について、連帯保証人がいる場合は無利子、いない場合は年1.5％の利子がつきます（緊急小口資金には連帯保証人が不要。また、不動産担保型生活資金には別途利子の規定がある。）。なお、総合支援資金と緊急小口資金の貸付には、生活困窮者自立支援法による自立相談支援事業の利用が要件となっています。

【引用・参考文献】
- 『社会福祉の動向2018』社会福祉の動向編集委員会編、中央法規出版、2018年
- 『障害福祉サービスの利用について（2018年4月版）』全国社会福祉協議会、2018年
- 『生活困窮者自立支援制度について』厚生労働省ホームページ
- 『生活福祉資金について』全国社会福祉協議会ホームページ（www.shakyo.or.jp）
- 『生活福祉資金貸付条件等一覧』厚生労働省ホームページ
- 『生活困窮者自立支援　支援の考え方・制度解説・支援方法』岡部卓編著、中央法規出版、2018年
- 『高額療養費制度の見直しについて』厚生労働省ホームページ

ケーススタディ 編

Case 1 利用者から介護サービスを止めたいと相談された場合、サービスを中止せずにどのように支援できる?

事例のポイント

- 72 歳の時、介護保険認定申請を行い、「要介護 1」の認定を受ける
- 生活保護を受給することにより、介護保険サービスを継続できた事例

事例の概要

中村さん（仮名、74 歳、女性）

- 夫とは 54 歳の時に離婚、単身世帯
- 60 歳までは清掃員として生計をたてていた
- 公営住宅に在住（家賃 2 万円）
- 現病：慢性閉塞性肺疾患、変形性膝関節症（73 歳時）
- 既往歴：左大腿骨骨折

　中村さんは介護保険サービス等を利用し単身生活を送っていましたが、来月から介護保険サービスの利用を止めたいと相談してきました。ケアマネジャーがその理由を尋ねてみるとはっきりとは言わず、口ごもっていたため何かしらの理由があると思い、中村さんとの面接を繰り返すと、ようやく金銭的な事情があると打ち明けてくれました。中村さんは公営住宅に住んでおり、家賃も高くはないと言っていますが、月々の年金が少なく倹約した生活

Case 1 利用者から介護サービスを止めたいと相談された場合、サービスを中止せずにどのように支援できる？

を送らざるをえません。若い頃少しずつ貯めた貯金を切り崩し生活費として補填していましたが、それも底をつきそうになってしまい、介護サービスの中止を検討しているようです。

ケアマネジャーの悩み

生計の悩みを訴えており、介護サービス等の利用も止めようとしています。生活保護制度を利用することで、介護サービス等を継続するにはどのような手続きが必要でしょうか？

問題解決のためのアドバイス

わが国においては、日本国憲法第25条「生存権と国の保障義務」(P.8)にもあるとおり、低所得層に対しての社会保障制度が整備されています。まずは各種社会保障制度の体系を理解しておくとよいでしょう。

またケアマネジャーとしては、利用者との日々の関わりの中で信頼関係が築かれていないと、詳しい生計状況を把握することは難しい場合があります。介護サービスを利用したくても利用できない場合、背景にどのような原因があるのかを把握しないとどの制度を活用するべきか判断できません。日々の関わりの中で利用者との信頼関係を構築していくことが大切です。そして本事例のように、ケアマネジャーの支援のみでは難しい場合、地域包括支援センターや福祉事務所等に相談を入れ、協働して事実の把握を進めていくとよいでしょう。

事例の経過

中村さんとの面接を進めていく中で、本人から生計状況の情報が得られ月々の収支をおおまかに把握できました。

収入は老齢基礎年金及び老齢厚生年金(年金通知等から金額の把握が可能)です。預貯金は毎月使用されているようでかなり目減りしていました。支出については毎月の固定額である家賃、光熱費、食費等の金額を大まかに確認できました。収支の把握のため、表にまとめてみたところ支出が収入を上回り、生活困窮に陥っていることがわかりました(表1 参照)。

表1 中村さんの生計状況

収入			支出	
項目	金額(月額)		項目	金額(月額)
老齢基礎年金	13,530円		家賃	約20,000円
	(*2か月 27,060円)		光熱費:電気	約4,000円
	(*年額 162,360円)		:水道	約4,000円
老齢厚生年金	6,270円		:ガス	約2,000円
	(*2か月 12,540円)		携帯電話	約3,000円
	(*年額 75,240円)		食費	約40,000円
			医療費	約6,000円
			介護費	約3,000円
			その他	約8,000円〜
収入合計(A)	19,800円		支出合計(B)	約90,000円
	(A)−(B) 差額		約−70,000円	

※医療費・介護費部分:この部分のサービスの利用中止を検討しているようだ。

預貯金(C)		その他	
項目	金額	項目	金額
R銀行	約70,000円	なし	

Case 1 利用者から介護サービスを止めたいと相談された場合、サービスを中止せずにどのように支援できる？

事例の経過

　頼れる親族もおらず、預貯金でなんとか生計を維持しているとのことでしたが、その残高もわずかで1カ月もすればなくなる状況でした。このような状況のため、中村さんは医療機関への受診や介護サービスの利用を控えていたとわかりました。近いうちに生計が破綻すること、医療・介護サービスを止めることにより身体状態の悪化も予測されること、という複合的な問題を抱えていました。中村さんの場合はケアマネジャーが地域包括支援センターに相談し、社会保障制度の利用に関して検討を行った結果、中村さんに生活保護制度申請の助言を行う必要があるとの判断になりました。

問題解決のためのアドバイス

　生計状態から緊急性の高さを検討し、社会保障制度を活用するためにどの制度を利用し、どの機関へ繋ぐか判断します。

1. 緊急性が高い場合は福祉事務所への「生活保護相談（P.30参照）」。
2. 金銭的・時間的な猶予がある場合においては「自立相談支援事業・家計相談支援事業（P.78 図2 参照）」。
3. 緊急性が低く財産等を活用しながら生活できるが、介護保険や医療保険の自己負担が高額になる場合は「高額介護サービス費」、「高額医療・高額介護合算制度」等の手続きを行う事で支払い金額の負担を軽減できる可能性があります。
4. 例外として、申請によることができない急迫した状態の場合には、「急迫保護（P.31参照）」として福祉事務所の職権で保護を開始することがあります。
5. 公営住宅等においては低所得者対象の「家賃減免制度（使用料減額）」等がある場合があります。

事例の経過

　収支状況の確認から緊急性が高いと判断し、中村さんに生活保護の申請を

Case 1 利用者から介護サービスを止めたいと相談された場合、サービスを中止せずにどのように支援できる？

勧めました（「問題解決のためのアドバイス 1」）。後日、中村さんは住所のある福祉事務所窓口に行き、生活保護申請手続きを済ませました。

福祉事務所で申請手続きを済ませた中村さんは、原則 14 日以内である保護の要否の決定を待つこととなります（P.35 参照）。

中村さんの実収入は 19,800 円（ 表1 参照）であり生活保護法で規定されている最低生活費を下回っていたため、保護が決定され、介護扶助による保護費の支給が開始される事となりました（ 表2 参照）。これによって中村さんは医療サービス及び介護サービス費の現物給付・サービス利用票別表（ 表3 参照）の支給も受けられる事となり、サービスの利用の継続が可能になりました。中村さんは医療サービス費や介護サービス費の自己負担分の支給を受けられる事となり、「もっと元気になりたい、下肢の筋力をつけるために運動したい」との希望を叶えるため、さらに通所介護サービスを追加することとなりました。

ケアマネジャーの悩み

生活保護受給決定後の介護サービス費等の自己負担はどのようになるのでしょうか？

問題解決のためのアドバイス

介護保険を利用している要介護者及び要支援者である被保護者に対しては、介護保険給付の自己負担分が介護扶助として給付されます（P.34、P.58 参照）。

表2 中村さんの保護決定後の扶助

実収入合計 (A)	19,800 円	＊(老齢基礎年金＋老齢厚生年金の計)÷2が月額
基準生活費 (B)	104,080 円	＊生活扶助基準は級地別に異なる
差引扶助額	84,280 円	＊(A)－(B)＝扶助額

扶助内訳 (P.30～参照)	生活扶助	61,250 円	⎫
	＊介護保険料加算	3,030 円	⎬ 合計＝差引扶助額
	住宅扶助	20,000 円	⎭
	教育扶助	0 円（該当しない為）	
	介護扶助	介護サービスの現物給付（自己負担分の給付）	
	医療扶助	医療サービスの現物給付（自己負担分の給付）	
	出産扶助	0 円（該当しない為）	
	生業扶助	0 円（該当しない為）	
	葬祭扶助	0 円（該当しない為）	
	勤労控除	0 円（該当しない為）	

＊介護保険に関わる費用扶助

表3 サービス利用票別表

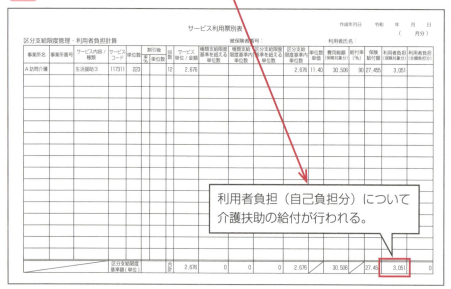

利用者負担（自己負担分）について介護扶助の給付が行われる。

Case 1 利用者から介護サービスを止めたいと相談された場合、サービスを中止せずにどのように支援できる？

まとめ・解決のポイント

　高齢世帯においては年金等の固定収入のみで生活している方々が多く、そのような状況の中で資産や能力の活用が難しく生活困窮に陥る高齢者も年々増加しています（P.13参照）。ケアマネジャーは専門職として、利用者からの訴えを聞く以外にも、日々の関わりの中で異変への気づきも大切です。生活困窮に陥る高齢者は介護以外にも複数の課題を抱えている場合が多く、介入にあたっては他職種との連携も重要となります。その場合、エコマップなどを活用することで関係者を見える化し、利用者を支えていくために何が不足しているのかを視覚的に捉えて検討していく事も重要です。中村さんの支援については生活困窮における介入開始前は 図1 のような状況でしたが、ケアマネジャーが生計問題へ介入し、福祉事務所等へ相談したことをきっかけにケースワーカーとの連携や介護サービスの利用追加等の状況へ進展し 図2 のような状況になり、住み慣れた地域で生活を送るための支援者が増えていきました。

問題解決のためのアドバイス

　今回は借家に住んでいる人の事例でしたが、持ち家がある人の場合、持ち家は資産に該当する場合があります。住居を売らないと生活保護が受給できないのか、福祉事務所に相談してみるのもよいでしょう。

図1 介入前・中村さんの状況

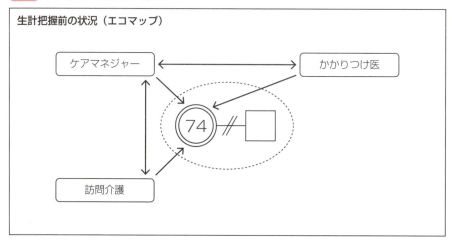

図2 介入後・中村さんの状況

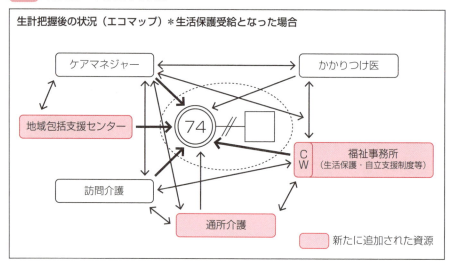

生活保護受給者が介護保険サービスを利用する場合の連携と手続きは？

Case 2

事例のポイント

- 生活保護受給者（40歳以上65歳未満、医療保険未加入）の介護扶助（みなし2号）利用開始からの関わり
- 65歳到達で介護保険制度へ移行
- 要支援から要介護認定へ移行

事例の概要

佐藤さん（仮名、64歳、男性）

- 4人兄弟の末っ子（他兄弟は皆他界）、単身世帯
- 60歳まで寿司屋を営み生計をたてていた
- 62歳から生活保護受給開始、医療保険未加入
- 現病：脳梗塞（63歳時）
- 既往歴：高血圧（55歳時診断）

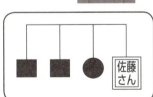

ケアプラン作成依頼を受ける前

　佐藤さんは、単身で生活し（婚姻歴なし）、食事等身の回りのことは自分で行っていました。しかし、63歳のときに脳梗塞を発症し、救急搬送され、治療とリハビリテーションのために入院しました。退院後は、右半身不全麻痺（軽度）の残存や失語症の出現があるものの、日常生活は自立できていました。しかし、失語症により、他者とのコミュニケーションに支障を来すようになりました。もともと威勢がよい性格で、自分のペースが乱されるようなことがあると怒りやすくなるため、トラブルが起こるようになってきました。地域住民から地域包括支援センターに連絡があり、相談を開始しました。

　本人は、日常生活へのサポートやリハビリテーションの希望があり、介護に関する手続きの必要性もあることから、地域包括支援センターの職員が福祉事務所担当者へ、介護扶助によるサポートが必要な旨を伝達し、本人が福祉事務所にて介護扶助の申請手続きを行うことになりました。

　約1カ月後、介護扶助の決定がされ、福祉事務所担当者から地域包括支援センターに連絡が入りました。要介護認定区分は「要支援2」と判定され、介護扶助の利用が可能となりました。

　福祉事務所からケアプラン作成依頼を受けた地域包括支援センターは（介護扶助ケアプラン作成依頼が地域包括支援センターに届く。）、佐藤さんとの面談で、佐藤さんがリハビリテーションを希望していること、また、その必要性があることを確認し、ケアプラン作成に関する手続きを開始しました。

　そこで、居宅介護支援事業所として、地域包括支援センターから介護予防ケアプラン作成の委託を受けました。

Case2 生活保護受給者が介護保険サービスを利用する場合の連携と手続きは？

ケアマネジャーの悩み

介護保険と生活保護の関係がよく分かりません。生活保護受給者が介護保険を利用する場合には特別な手続きが必要なのでしょうか？

問題解決のためのアドバイス

　生活保護と介護保険の関係はP.59の 表1 及びP.62の 表2 のとおりですが、もう少し簡単にまとめるとP.94の 表1 のとおりです。

　佐藤さんの場合はP.94の 表1 の③に該当します。

　今回は、地域包括支援センターに相談が入りましたが、介護扶助申請後には、居宅介護支援事業所が直接相談を受ける場合もあります。相談が入った場合は、支援を必要とする方の状態を確認し、要介護認定において軽度認定（要支援1・2等）が想定される場合は、地域包括支援センターと連絡をとり、ケースの共有を行っておくとよいでしょう。なお、自分が所属する居宅介護支援事業所が生活保護法における指定介護機関でないと担当することができませんので、注意してください。

表1 生活保護と介護保険の関係

① 65歳以上の生活保護受給者	・介護保険の対象 ・自己負担分＝1割が生活保護から給付される。
② 40歳以上65歳未満の生活保護受給者（医療保険加入者）	・介護保険の対象。介護保険の第2号被保険者となる。 ・自己負担分＝1割が生活保護から給付される。 ＊16種類の特定疾病該当が必要
③ 40歳以上65歳未満の生活保護受給者（医療保険未加入者）	・介護保険の対象外 ・「みなし2号」となり、生活保護制度における介護扶助により、10割が生活保護から給付される。 ＊介護保険同様、16種類の特定疾病該当が必要

■福祉事務所との連携のポイント

・上の 表1 の③に該当する場合、介護扶助の対象となり、介護扶助を利用する際には、原則として住所地の福祉事務所へ介護扶助申請（介護扶助の申請から決定までの流れについては、P.65～66及びP.70 図3 を参照）を行う。
・介護扶助の手続き後、介護保険の認定システム（認定調査項目は同一、主治医意見書も同一）に準じた形で要介護認定が決定される。
・介護扶助の場合、介護保険被保険者証の発行はなく、福祉事務所より結果通知書等（ 様式1 参照）が送付される。
・介護扶助のケアプラン作成依頼書（ 様式2 参照）に介護扶助の決定情報を記載する。
・利用票や提供票、給付管理票に記載される被保険者番号は介護保険利用者と異なり、「H○○○○○○○○○」番となる。

Case2 生活保護受給者が介護保険サービスを利用する場合の連携と手続きは？

■ 16種類の特定疾病

- がん
（医師が一般に認められている医学的知見に基づき回復の見込みがない状態に至ったと判断したものに限る。）
- 関節リウマチ
- 筋萎縮性側索硬化症
- 後縦靱帯骨化症
- 骨折を伴う骨粗しょう症
- 初老期における認知症
- 進行性核上性麻痺、大脳皮質基底核変性症及びパーキンソン病
- 脊髄小脳変性症
- 脊柱管狭窄症
- 早老症
- 多系統萎縮症
- 糖尿病性神経障害、糖尿病性腎症及び糖尿病性網膜症
- 脳血管疾患
- 閉塞性動脈硬化症
- 慢性閉塞性肺疾患
- 両側の膝関節又は股関節に著しい変形を伴う変形性関節症

様式1 介護扶助認定結果通知書（例）

〒　　　　　　　　　　　　　○○○○○　号
　　　　　　　　　　　　　　令和　年　月　日

　　　　　　　　　様

　　　　　　　○○市福祉事務所長

　　　介護扶助　要支援認定・要介護認定等結果通知書

あなたの生活保護法介護扶助の要支援・要介護状態等を下記のとおり認定いたします。

　　　　　　　　　記

認定結果　　　要介護　○

認定の有効期間　令和　年　月　日　から　令和　年　月　日まで

ケアプラン依頼を受けた後

> 事例の経過　ケアプラン作成依頼を受ける

　地域包括支援センターから佐藤さんの介護予防ケアプラン作成依頼を受けました。地域包括支援センターからの情報で、①脳梗塞の後、右半身に麻痺が残ったものの、身体的なリハビリテーションは熱心に頑張り、日常生活に支障のない程度まで回復したこと、②失語症に関しては十分には改善せず、今後もリハビリテーションを希望していること、③自立した日常生活を継続していくために訓練の必要性があることを確認しました。

　地域包括支援センターより、ケアプラン作成に関する介護予防ケアプラン作成委託依頼に関する諸書類（利用者基本情報・基本チェックリスト）を受領するとともに、介護予防ケアプラン作成に当たり、佐藤さんに電話をして、訪問の約束をとりつけました。

ケアマネジャーの悩み

　介護扶助（みなし2号）のケアプラン作成を担当するのは初めてのケースです。どのように進めていけばよいのか、また、一般的な利用者と何が違うのか、よく分かりません。

Case2 生活保護受給者が介護保険サービスを利用する場合の連携と手続きは？

問題解決のためのアドバイス

　福祉事務所から「介護扶助ケアプラン作成依頼書」（ 様式2 、自治体により書式は異なる。）を受領します。これは給付管理を行う事業所が受領します。佐藤さんの場合、要支援認定であり、給付管理は地域包括支援センターで行うため、「介護扶助ケアプラン作成依頼書」は地域包括支援センターに届きます。居宅介護支援事業所は地域包括支援センターから再委託を受けます。

　要介護認定の場合は、給付管理は居宅介護支援事業所が行うため、「介護扶助ケアプラン作成依頼書」は居宅介護支援事業所に届きます。ケアプラン作成の依頼の流れはP.99の 図1 のとおりです。

　なお、自治体ごとに運用が異なる場合がありますので、注意してください。

 地域包括支援センターからの書類

ケアプランに関する書類は、介護予防のケアプランに準ずる。
　・利用者基本情報
　・基本チェックリスト
＊地域包括支援センターから介護予防ケアプラン作成を委託するに当たり、「介護予防ケアプラン作成依頼書」等が発行される場合もある。

 福祉事務所からの書類（生活保護受給者の場合）

・居宅介護支援事業所への「生活保護法介護券」（P.104の 様式6 ）の発行（要支援の場合は地域包括支援センターへ発行）
・医師の意見書（福祉事務所発行）
＊介護扶助（みなし2号）期間は、諸手続きは福祉事務所に行う。

様式2　介護扶助ケアプラン作成依頼書（例）

〒　　－

令和　　年　　月　　日

　　　　　　　　　　　　　　　様

　　　　　　　　　　　　　　　　　　○○市福祉事務所長

　　　　　　　　　　　　　　　　　　　（公印省略）

居宅介護支援計画等の作成依頼について

　下記の者は、介護保険の被保険者となれないので、生活保護法により介護保険と同等のサービスを受けることができます。
　介護保険制度においては、居宅介護支援計画等を作成し、それに基づいた介護サービスの提供を受けることとなっていますが、生活保護における介護扶助も同様の手順を取ることとなっています。
　つきましては、下記の者に係る居宅介護支援計画等の作成を依頼いたしますので、ご配慮くださいますようお願いいたします。また、作成された居宅介護支援計画等につきましては本人に交付していただくと共に、当福祉事務所にも写しを送付願います。
　なお、計画作成に係る費用につきましては、後日介護券を送付いたしますので、それを待って所定の請求手続きをとってくださるようお願いいたします。

記

被保護者	被保護者番号		性　別	
	氏　名		生年月日	年　　月　　日
	住　所	〒		
	電話番号			

介護扶助における認定結果	要介護状態区分等	
	認定年月日	令和　　年　　月　　日
	認定有効期間	令和　年　月　日～令和　年　月　日
	区分支給限度基準額	単位

生活保護法介護券に記載される
　公費負担番号　　　　　　　　　　受給者番号
　保険者番号　　　　　　　　　　　被保険者番号

　　　地区担当員　　○○市福祉事務所生活福祉総務課　　第　　班　　直通

Case2 生活保護受給者が介護保険サービスを利用する場合の連携と手続きは？

図1 ケアプラン作成の依頼の流れ

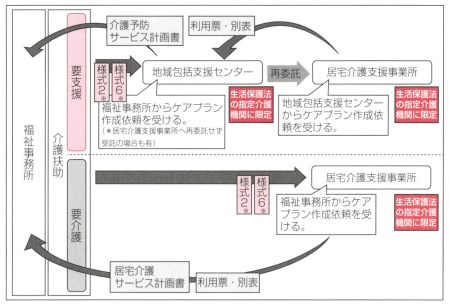

※様式2：介護扶助ケアプラン作成依頼書（P.98）　様式6：生活保護法介護券（P.104）
筆者作成

事例の経過　介護扶助のケアプラン作成

　佐藤さん宅を訪問し、介護予防のケアプラン作成のために、面接を行いました。63歳のときに脳梗塞を発症し、数カ月の間、搬送先の病院で治療後、リハビリテーション病院へ転院し、リハビリテーションを経て退院。右不全麻痺（軽度）がごくわずかに残っているものの、歩行・排せつ・入浴・食事は自ら行うことができ、ADLは自立していることを確認しました。

　アセスメントを進めていく中で浮き上がってきた課題は、脳梗塞の後遺症による失語症（喚語障害・錯語）がみられることで、買い物時の支払の際の店員とのやり取りや、病院受診での受付職員とのやり取り等において、他者とのコミュニケーションに支障があるため、実行したい行動がうまくできないことがストレスにつながっている状況が理解できました。また、今後は、脳梗塞の再発予防に向けた取組みが必要であることを確認しました。

ケアマネジャーの悩み

介護扶助を使う人のケアプラン作成で注意すべきことは何か、よく分かりません。
また、帳票類の書き方で注意すべき点が分かりません。

問題解決のためのアドバイス

佐藤さんのように、対象者が生活保護制度の介護扶助で介護サービスを利用する場合でも、居宅介護支援事業所として地域包括支援センターからケアプラン作成依頼を受けることは可能です（生活保護法における指定機関の場合）。地域包括支援センターからのケアプラン作成依頼（委託）に基づき、居宅介護支援事業所はケアプランの作成を行います。

ケアプラン

　佐藤さんの介護予防ケアプランの作成に当たっては、失語症のリハビリテーションにより機能改善を図ることを中心に目標を立てました。介護扶助のサービスとして、訪問リハビリテーションを導入し、言語聴覚士の定期訪問による症状の把握と言語療法の実施、また、自主リハビリテーションに向けた指導を行うこととしました。さらに、脳梗塞の再発予防のための定期医

Case2 生活保護受給者が介護保険サービスを利用する場合の連携と手続きは？

療の受診、日常生活への助言を行うとともに、他者との交流や会話の機会がもてるよう、地域の自主サークルを紹介しました（様式3〜様式5 参照）。

様式3 介護予防サービス・支援計画書

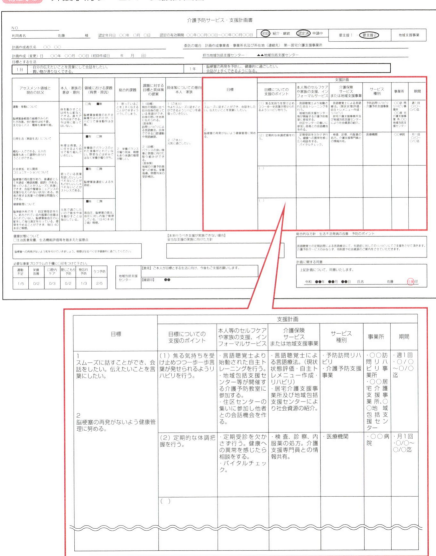

様式4　介護予防サービス利用票・提供票（兼介護予防サービス計画）

介護扶助（みなし2号）の方の場合、被保険者番号はHから始まる番号となる。

様式5　介護予防サービス利用票・提供票別表

給付率は100％となる

通常、介護保険利用者負担では、
①1割負担の方は90％、
②2割負担の方は80％、
③3割負担の方は70％となるが、
④介護扶助の場合、給付率は100％となる。

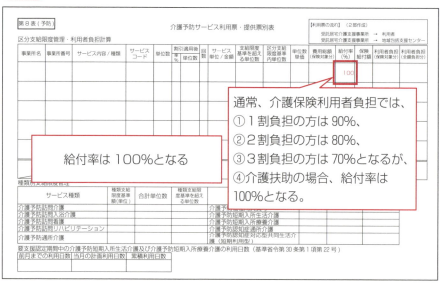

介護扶助ケアプラン作成書類・介護予防ケアプラン作成書類

ケアプランに関する書類は、介護予防のケアプランに準ずる

【使用様式】

- ・介護予防支援アセスメント用情報収集シート
- ・基本チェックリスト
- ・介護予防サービス・支援計画書
- ・サービス担当者会議の要点（サービス担当者に対する照会〈依頼〉内容）
- ・介護予防支援経過記録
- ・介護予防支援・サービス評価表
- ・サービス利用票、利用票別表
- ・サービス提供票、提供票別表

■福祉事務所との連携のポイント

- ・作成した「介護予防サービス・支援計画書」は、福祉事務所担当者へ写しを提出する。また、サービスが発生する月からの利用票、利用票別表も提出する。そうすることで、スムーズな「生活保護法介護券」（ 様式6 ）の発行につながる。
- ＊「生活保護法介護券」は、要支援認定の場合は地域包括支援センターに、要介護認定の場合は居宅介護支援事業所に送られる。
- ＊2019（令和元）年10月以降、区分支給限度基準額が変更になる。

様式6　生活保護法介護券（例）

生活保護法介護券

次の「生活保護法介護券」が発行されるので，必要事項を介護給付費明細書に転記してください。

↓ 介護給付費請求明細書に転記してください。

生活保護法介護券（　　年　　月分）

公費負担者番号								有効期間	日から　　　日まで		
受給者番号								単独・併用別	単独・併用　介護保険の被保険者となれない生活保護受給者の場合は「H＋9桁の数字」となる。↓		
保険者番号								被保険者番号			

（フリガナ）氏　名		生年月日　1.明 2.大 3.昭　　年　　月　　日生	性別　1.男 2.女
要介護状態区分	要支援　要介護1・2・3・4・5		
認定有効期間	令和　年　月　日から　令和　年　月　日まで		
居住地			

指定居宅介護支援事業者名	事業所番号	
指定介護機関名	事業所番号	

居宅介護	□訪問介護 □訪問入浴介護 □福祉用具貸与 □訪問看護 □訪問リハ □通所介護 □通所リハ □居宅療養管理指導 □短期入所生活介護 □短期入所療養介護 □認知症対応型共同生活介護 □特定施設入所者生活介護	施設介護	□介護老人福祉施設 □介護老人保健施設 □介護療養型医療施設
		居宅介護支援	
		本人支払額	円　「本人支払額」が記載されている場合は，本人からその金額を徴収してください。

地区担当者名　　　取扱担当者名

　　　　　　　　　　　　　　　　　　　福祉事務所長　　　　印

備考	介護保険	あり　　なし
	結核予防法第34条	あり　　なし
	精神保健及び精神障害者福祉に関する法律第32条	あり　　なし
	その他	

Case2 生活保護受給者が介護保険サービスを利用する場合の連携と手続きは？

事例の経過　介護扶助から介護保険へ移行

　佐藤さんの支援を開始して間もなくすると、65歳到達により、介護扶助（みなし2号）から介護保険第1号被保険者へ移行することとなりました。

ケアマネジャーの悩み

　介護扶助（みなし2号）から介護保険第1号被保険者へ移行した場合、どのような手続きが必要なのか分かりません。

問題解決のためのアドバイス

　65歳到達により、保険者から佐藤さんへ介護保険被保険者証が発行されます。制度移行に伴い、各種手続きが必要です。佐藤さんは、今後、介護保険認定申請を経て、要支援1～要介護5のいずれかの認定を受ければ、介護保険サービスの利用が可能となります。

　なお、介護扶助（みなし2号）から介護保険第1号被保険者への適用については、誕生日1カ月前から介護保険認定申請手続きが可能です。

保険者からの書類

- 介護保険被保険者証の発行
  被保険者番号は、介護扶助の「H○○○○○○○○○」から介護保険被保険者番号の「0○○○○○○○○○」となる。
- 介護保険負担割合証の発行

■福祉事務所との連携のポイント

- 介護保険第1号被保険者となっても、要支援認定の場合は「介護予防サービス・支援計画書」、要介護認定の場合は「居宅サービス計画書」の写しを福祉事務所へ提出する。
- サービスが発生する月からの利用票、利用票別表も提出する。
- みなし2号の人が月途中で65歳となったときの給付管理は、「みなし2号の期間」と「介護保険第1号被保険者の期間」のそれぞれの期間において審査がされるため、給付管理票は「Hで始まるもの」と「0から始まるもの」の2枚が必要となる。
- 要支援1・2の場合は地域包括支援センターが、要介護1～5の場合は居宅介護支援事業所が給付管理を行う。

■保険者との連携のポイント

- 第1号被保険者への移行手続きは、介護保険認定申請手続き（新規申請）が必要となる。
- 介護保険認定申請書を保険者へ提出する。
- 65歳以降は介護保険利用対象者へ移行する。
- 要支援1・2の人の給付管理は地域包括支援センターが行い、介護予防サービス計画作成届出書を提出する（地域包括支援センターより保険者へ提出）。
- 要介護1～5の方の給付管理は居宅介護支援事業所が行い、居宅介護サービス計画作成届出書を提出する（居宅介護支援事業所より保険者へ提出）。

Case2 生活保護受給者が介護保険サービスを利用する場合の連携と手続きは？

事例の経過　認定更新で要支援2から要介護1へ認定区分が変更

　佐藤さんの要介護認定更新時期が訪れ、更新手続きを行うと、新たに認定区分が要介護1となりました。失語症は少し改善がみられ、単語がスムーズに発語でき、一度話し出すとある程度は会話ができるようになってきているものの、佐藤さんの中ではまだコミュニケーションがうまくとれないというストレスを感じており、暴言と感じられる言葉が出現するようになりました。定期受診においても、最近の事柄のもの忘れや錯語が目立つようになり、認知症（脳血管性認知症：認知症自立度Ⅱ2）の診断を受けました。

ケアマネジャーの悩み

　要支援から要介護へ認定区分が変更となった場合、事業所との契約はどのようになりますか？
　また、利用者が生活保護受給者であることで注意することはありますか？

問題解決のためのアドバイス

　認定区分の変更に伴い、要支援2の時に契約していた地域包括支援センターとの契約は終了となります。佐藤さんが、介護予防ケアプラン委託先の居宅介護支援事業所のケアマネジャーからの相談支援を引き続き受けたいと希望すれば、新たに居宅介護支援事業所として契約を締結する必要があります。ここからの佐藤さんの手続き及び支援は、居宅介護支援事業所が行うことになります。また、要介護1の認定により、ケアプランで使用する様式は「介護予防サービス・支援計画書」から「居宅サービス計画書」へ変更となります。

まとめ・解決のポイント

❶ 対象者の状況把握

生活保護受給者の支援を進めていく過程で、各種制度の活用を考えた場合、対象者がどのような状況にあるかを明確にする必要があります。

また、介護保険のみならず、障害福祉等サービスの適用の可能性が高い人がいるので、支援を必要とする人の障害者手帳所持や疾病をよく確認することが大切です。

❷ 65歳未満の生活保護受給者の場合

介護保険制度の利用を考えた場合、65歳未満の生活保護受給者は介護扶助申請が必要で、その場合、介護保険第2号被保険者と同じく、特定疾病に該当する必要があります。生活保護と介護保険の関係は、P.94の 表1 で確認しましょう。

❸ 65歳到達によるケアマネジメントの契約先

介護扶助や介護保険の利用対象となった場合、要支援、要介護認定区分により、居宅介護支援の契約先が異なることを明確にしておきます。

> ・要支援1・2の認定時の契約：地域包括支援センター
> ・要介護1～5の認定時の契約：居宅介護支援事業所

❹ 使用する様式

要支援、要介護認定区分により、使用様式の違いを理解しておきます。

> ・要支援1・2：予防給付ケアプラン標準様式
> ・要介護1～5：介護給付ケアプラン標準様式
>
> 注＊　介護予防・日常生活支援総合事業の場合は、市町村が定める様式あり。

❺ 他制度・施策利用の検討

　佐藤さんの事例では、「脳血管疾患」が特定疾病に該当し、介護扶助の申請が可能で、かつ、認定がおり、介護扶助による介護保険サービスの利用が可能となりましたが、万が一、特定疾病に該当しない場合については、他制度の活用の可否を検討していく必要があります（**解説編 Step 3 1**参照）。

　また、40歳以上65歳未満の生活保護受給者（医療保険未加入者）については、障害福祉等サービスを利用する中で、特定疾病に該当する状態となり、介護扶助の利用申請という場合も多く見受けられるので、福祉事務所との連携を密にとるとよいでしょう。

　さらに、障害福祉等サービスのみを利用していた人（特定疾病に該当せず介護扶助の利用ができなかった人や介護扶助申請を行わず障害福祉等サービスのみを利用していた人）が、65歳到達で介護保険第1号被保険者に移行し、要介護認定申請の後、要介護認定を受けた場合、障害福祉等サービスから介護保険サービスの利用へ移行する人もいます（要介護認定において、自立認定の場合は障害福祉等サービスを継続利用します。）。

介護保険サービスと障害福祉等サービスの関係の詳細については、**Case 4**及び本シリーズ①『そうだったのか！仕組みがわかる・使える障害者福祉』をご参照ください。

Case 3 生活保護受給者の暫定ケアプランはどうするの？

事例のポイント

- 生活保護受給者の暫定ケアプラン
- 75歳の時、介護保険認定申請を行い「要介護1」の認定を受ける
- 状態悪化で要介護認定区分変更申請を行うこととなった

事例の概要

鈴木さん（仮名、75歳、女性）

- 単身世帯：民間アパートにて生活
- 70歳のときに同居していた夫と死別（生活保護は夫婦で受給）、その後単身世帯
- 現病：統合失調症

　鈴木さんは単身で生活しており、精神科にて、長年、統合失調症の治療を受けていました。75歳のときに担当ケースワーカーや受診先の医師から介護保険申請手続きを勧められ、自身で介護認定手続きを行い、その結果、「要介護1」と認定されました。

Case 3 生活保護受給者の暫定ケアプランはどうするの？

担当ケースワーカーより、鈴木さんの介護保険サービスの利用希望の連絡を受け、相談を開始しました。

担当ケースワーカーからは、現在の困りごととして、内服の怠薬が目立ち始めたこと、自宅内の整理整頓やごみ捨てができず、自宅内環境が悪化してきていることを確認しました。また、自宅にこもりがちで、独り言も増え、このままではさらなる状態悪化の可能性があるとのことでした。

後日、鈴木さんと訪問日を調整し、担当ケースワーカーと同行訪問を行い、相談支援が開始となりました。

訪問し自宅の生活状況を確認すると、担当ケースワーカーからの事前情報どおり、日々の生活ごみが散乱し、足の踏み場もない状況でした。定期的なごみ捨てが行われていないこと、片付けが一人でできず困っているとの訴えがありました。介護保険制度の説明を行い、鈴木さんの同意が得られたため、ケアプランの作成を行い、自宅内の環境整備によって過ごしやすい環境を確保するための支援として、訪問介護サービスを入れることにしました。

ケアマネジャーの悩み

生活保護受給者のケアプラン作成を担当する場合、どのようなことに気を付ければよいか分かりません。

問題解決のためのアドバイス

生活保護と介護保険の関係はP.94の 表1 のとおりです。鈴木さんの場合、65歳以上の生活保護受給者なので、介護保険の対象となり、第1号被保険者として自己負担分である1割が生活保護の介護扶助から給付されます。

ケアプラン

様式1 居宅サービス計画書

第1表	居宅サービス計画書（1）	作成年月日 29年12月24日
		初回 ・ 紹介 ・ 継続　　認定済 ・ 申請中

利用者名	鈴木　殿	生年月日 ●●年 ●月 ●●日	住所 ●●
居宅サービス計画作成者氏名	▲▲■■		
居宅介護支援事業者・事業所名及び所在地	第一居宅介護支援事業所		
居宅サービス計画作成（変更）日	平成　年　月　日	初回居宅サービス計画作成日	平成29年12月24日
認定日　平成29年12月16日	認定の有効期間　平成30年1月1日～平成30年12月31日		
要介護状態区分	要介護1 ・ 要介護2 ・ 要介護3 ・ 要介護4 ・ 要介護5		
利用者及び家族の生活に対する意向	・鈴木様～自宅でのんびり暮らしたい。		
介護認定審査会の意見及びサービスの種類の指定	記載なし		
統合的な援助の方針	体調の悪さから日常生活の家事についてご自身で取り組むことが辛くなっていると思います。 福祉事務所の方々のご支援及び介護保険サービスもご利用してご自宅でご希望に近づけるよう心身両面からご支援致します。 ＜緊急連絡先＞　　　　　　　　　　　　　　＜ご利用サービス事業所連絡先＞ ・●●福祉事務所（●●CW）電話 ××××－××××　●訪問介護事業所　電話 ××××－×××× ・主治医（●●病院●●医師）電話 ××××－××××		
生活援助中心型の算定理由	1．一人暮らし　　2．家族等が障害、疾病等　　3．その他（　　　　　　　　　　）		

■福祉事務所との連携のポイント

・作成した「居宅サービス計画書」の写しを福祉事務所担当者に提出する。サービスが発生する月からの利用票、利用票別表も同様に提出する。
・ケアプラン作成後のサービス担当者会議等に担当ケースワーカーの出席を求め、情報の共有を図る。

介護保険ケアプラン作成書類

ケアプランに関する書類は、介護給付のケアプランに準ずる
【使用様式】
・アセスメントシート
・居宅サービス計画書（1）・（2）
・週間サービス計画表
・サービス担当者会議の要点（サービス担当者に対する照会〈依頼〉内容）
・居宅介護支援経過
・モニタリング表
・サービス利用票、利用票別表
・サービス提供票、提供票別表

事例の経過

　サービス利用開始後、しばらくすると、両膝の関節痛の訴えがありました。自宅内での歩行は、一度、立位をとってしまえばなんとか動作を行うことができるものの、痛みの出現具合によっては膝の曲げ伸ばしが難しく、入浴が大変とのことでした。ときには排せつ動作にも支障を来す様子です。通院により、膝関節への治療が開始されましたが、今後、生活を継続的にしていく

には、支障を来し、その範囲が拡大する可能性があることから、区分変更申請手続きを提案し、鈴木さんにも了承してもらいました。

区分変更手続きに際しては暫定ケアプラン開始となり（ 様式2 参照）、区分変更申請の結果通知までの支援に関して、鈴木さんと福祉事務所の担当ケースワーカー、介護サービス提供事業所等を交え、サービス担当者会議を開催しました。会議での検討の結果、原則的には限度額を超過しないよう支援策を構築すること、既存の社会資源を最大限活用していく方針を確認しました（ 様式3 参照）。結果通知までの期間、入浴や排せつ行為への身体介護の必要性も考えられるため、家事に関しては、一時的に配食（宅配）サービスを活用していくこととしました。

ケアマネジャーの悩み

生活保護受給者が暫定ケアプランを利用する場合、どのようなことに気を付ければよいか分かりません。

問題解決のためのアドバイス

暫定ケアプランで介護保険の居宅サービスを利用する場合、原則として区分支給限度額の範囲内での利用が求められています。

区分支給限度額を超過する居宅サービスは介護扶助の対象とならないため、限度額管理をより慎重に行う必要があります。

Case 3 生活保護受給者の暫定ケアプランはどうするの？

様式2　居宅サービス計画書（暫定ケアプラン）

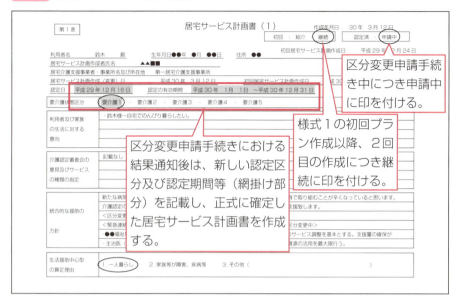

様式3　サービス担当者会議の要点

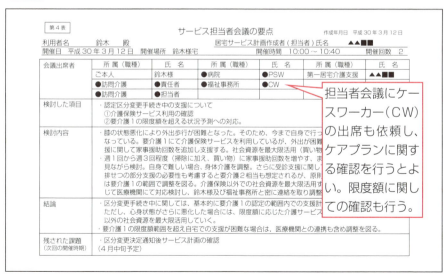

■福祉事務所との連携のポイント

・生活保護受給者の場合、介護サービスは介護扶助における現物給付にあたることや、補足性の原理（P.28 参照）等から、実費負担が生じる可能性が考えられる介護保険サービスの暫定利用（新規申請・区分変更時・認定遅延時の暫定プラン）においては、福祉事務所の担当者と確認をしておくこと。

＊特に、新規申請における認定結果待ちの場合、自立認定の可能性も含まれており、介護の必要性及び緊急性を十分確認する必要がある。

■地域包括支援センターとの連携のポイント

・要支援1・2から認定区分を重度区分へ変更する場合はもちろん、現状、受けている認定を軽度区分に変更する場合（例えば、要介護1〜5から要支援1・2の状態を想定して手続きをする場合）について、認定の確定を待たずに介護保険サービスを利用する暫定プランの場合は、地域包括支援センター（介護予防サービスに関しての給付管理先）に事前に連絡を入れ、状態の報告や指示を仰いでおくと、区分変更手続きにおける結果通知が要支援の場合は、介護報酬算定に関するトラブルが回避されると同時に暫定サービスの妥当性の判断を行うことができるという利点がある。

・要介護1・2程度で更新認定において結果通知が遅延し、対象者に状態の不安定さや認知症がみられない場合、結果通知で要支援1・2等の認定結果となる可能性も考えられるため、上記同様、地域包括支援センターへ連絡を入れておくとよい。

Case 3 生活保護受給者の暫定ケアプランはどうするの？

事例の経過

区分変更申請手続きから1カ月後、結果通知があり、「要介護2」となりました。

区分変更申請手続き中、鈴木さんの状態悪化はみられず、社会資源の活用や介護保険サービスの訪問介護による家事支援のみの利用で、要介護1の限度額の範囲内での支援が行われました。

結果通知を受け、再度サービス担当者会議を開催し、ケアプランの確認を行いました。また、確定したサービス利用票・提供票別表を作成し、福祉事務所の担当ケースワーカーへ書類を提出しました（様式4 参照）。

通院治療を行うことで両膝の状態は改善傾向にあるものの、痛みが継続しているため、現状のサービス利用による支援を継続することとなりました。

様式4　サービス利用票・提供票

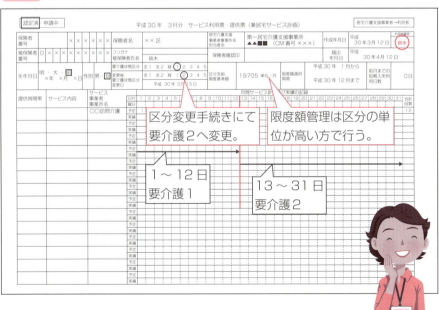

まとめ・解決のポイント

❶ 区分変更手続き

認定区分を変更する場合は、①状態の改善があり認定区分を軽度区分へ変更する手続きを行う場合と、②状態の悪化があり認定区分を重度認定へ変更する手続きを行う場合とが想定されます。

区分変更手続きを行う場合には、まずどちらの状態像があって変更手続きを行うのかを明確にしておく必要があります。

❷ 区分変更認定申請手続き中の介護保険サービスの利用

区分変更認定申請手続きを行った場合、結果通知は、原則として通常の介護保険認定申請と同様、申請から30日以内となり、その間、介護保険サービスを利用するに当たっては、介護サービスの利用量に十分注意しながら調整する必要があることを考えておきましょう。区分変更申請後、月末までに何単位利用可能であるのか、月初めから結果通知までの想定期間内に何単位利用が可能であるのかを慎重に考え、限度額管理をしていくことが求められます（ 図1 参照）。

❸ 暫定ケアプラン

新規申請・区分変更時、更新結果通知遅延時等の暫定ケアプランを調整していくに当たっては、以下の点に注意が必要です。

①新規申請の場合の暫定サービス利用は、必要性を十分に検討する必要があります。明らかに要介護認定ではない、つまり要支援認定が想定される場合には、地域包括支援センターが給付管理を行うことになるので、事前に連絡を入れ、暫定サービスの必要性、他サービスでの代替性を検討しておくとよいでしょう。

②更新結果遅延の場合、もともと受けていた認定を基準に、要介護1・2程度の認定であれば、状態の不安定さや認知症が見られない場合、認定結果が要支援1・2となる可能性があると考えられるため、この場合も

地域包括支援センターに連絡をしておくとよいでしょう。
③区分変更申請時は、もともと認定を受けている限度額に応じて暫定的に限度額管理を行います。さらに、必要に応じて地域包括支援センターと連携をとっておくことが必要です。

　なお、福祉事務所担当者との最低限確認を必要とする内容は以下のとおりです。
　・状態像におけるケアプランのサービス量の確認
　・区分変更結果通知までの支援方法
　・介護保険制度以外でのサービス利用の可能性
　・万が一、限度額超過となった場合、どのように処理を行うのか（原則はなし）

これらを検討し、合意しておくとよいでしょう。

《区分支給限度基準額の考え方》

　生活保護法による介護扶助の運営要領について
　（平成12年3月31日　社援第825号）
第5　介護扶助実施方式
2　介護扶助の決定
（1）決定の際の留意事項
ア：居宅介護等に係る介護扶助の程度は、介護保険法に定める居宅介護サービス費等区分支給限度基準額又は介護予防サービス費等区分支給限度基準額の範囲内であること。したがって、居宅介護サービス費等区分支給限度基準額又は介護予防サービス費等区分支給限度基準額を超える介護サービスについては、全額自己負担となることから利用を止めるよう指導すべきであること。

図1 介護認定のポイント・暫定期間の対応

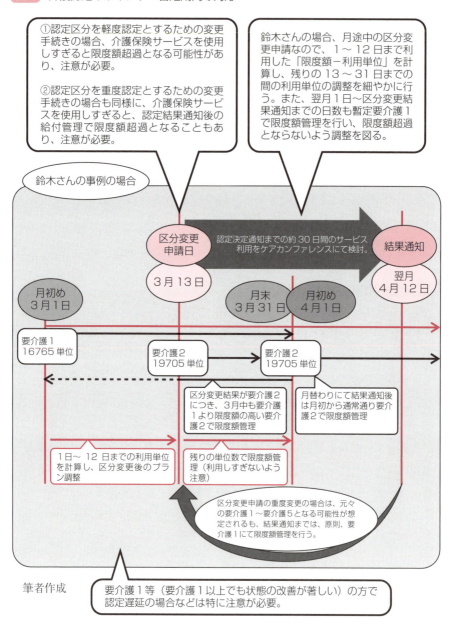

注＊ 2019（令和元）年10月より居宅介護サービス費等区分支給限度基準額が変更になります。

Case 4 生活保護受給者が65歳になり、障害福祉等サービスから介護保険サービスへ移行する場合の手続きは？

事例のポイント

- 65歳到達による障害福祉サービスから介護保険サービスへの移行
- 介護保険該当サービスと障害福祉等サービス固有のサービスの両方を利用
- 要介護認定の申請

事例の概要

田中さん（仮名、64歳、男性）

- 単身世帯（他県に妹：60歳）、両親とは死別
- 現病：統合失調症、左半身麻痺
- 脳梗塞で倒れてからは障害支援区分4の認定を受け生活保護を受給（医療保険未加入）
- 精神障害者保健福祉手帳2級
- 就労継続支援B型事業所に週3回通所
- 訪問看護（週1回）と居宅介護（週2回）を利用

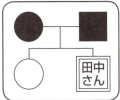

　田中さんは、精神障害と脳梗塞の後遺症による左半身麻痺があります。30歳で統合失調症の診断を受けるまで、アルバイトや派遣などの仕事を転々としながら実家で生活していましたが、統合失調症を発症してからは仕事を辞

めて、数回の入院を経て、現在は精神科への通院治療を行っています。もともと、就労への意欲が高かった田中さんは、退院後、障害福祉等サービスの就労継続支援Ｂ型事業所への通所（週３回）をしながら両親と生活していました。45歳の時に父親が死亡したことで、生活保護の受給を開始し、医療扶助による訪問看護（週１回）を利用することになりました。57歳の時に田中さんは脳梗塞で倒れて入院し、左半身に麻痺が残りました。グループホームや施設への入所についても検討しましたが、本人の強い希望により、治療とリハビリを経て、自宅での生活に戻りました。60歳の時に同居していた母親が亡くなると、それまで生活のことをすべて母親に任せていたので、田中さんはさらに居宅介護（家事援助・週２回）の利用を開始しました。まもなく65歳となり、介護保険への移行を迎えるため、田中さんを担当している相談支援専門員からケアマネジャーへ連絡が入りました。田中さんは、住み慣れた自宅での生活の継続を希望しています。

図1　両制度のサービスの関係

介護保険サービス		障害福祉等サービス
	（上乗せ部分） 介護保険の支給限度額を上回る場合など	
障害福祉にはないサービス	**両制度に共通のサービス**	（横出し部分） **介護保険にはないサービス**
・訪問看護 ・訪問リハビリテーション ・居宅療養管理指導 ・通所リハビリテーション ※　内容的に異なるもの ・小規模多機能型居宅介護 ・共同生活介護 ・短期入所療養介護（医療型短期入所で一部共通あり）	・居宅介護（≒訪問介護） ・生活介護（≒通所介護） ・短期入所（≒短期入所生活介護） ・日常生活用具（≒福祉用具） ※　上乗せ部分に該当 ・重度訪問介護 ※　地域生活支援事業で実施 ・訪問入浴介護	・同行援護 ・行動援護 ・療養介護 ・就労移行支援 ・就労継続支援 ・補装具 ・移動支援事業 ※　内容的に異なるもの ・重度障害者等包括支援 ・自立訓練 ・共同生活援助

出典：『仕事がはかどるケアマネ術シリーズ①そうだったのか！仕組みがわかる・使える障害者福祉』第一法規、2016年、一部改変

Case 4　生活保護受給者が65歳になり、障害福祉等サービスから介護保険サービスへ移行する場合の手続きは？

ケアマネジャーの悩み

介護保険法と障害者総合支援法で同じようなサービスがある場合は介護保険法のサービスが優先と聞きましたが、生活保護を受給している場合は違うのでしょうか？

問題解決のためのアドバイス

障害をもつ生活保護受給者が要介護認定を受けて介護保険被保険者となった場合、障害者総合支援法に基づく自立支援給付（本シリーズ①参照）について、介護保険制度による保険給付にサービス内容や機能が同様のもしくは相当するサービスがある場合、介護保険優先の原則によって、基本的には介護保険サービスによる保険給付を優先して受けることになります。（ただし、介護保険サービスを優先する場合でも、一律に障害福祉サービスが利用できないというわけではありません。行動援護や就労継続支援などの障害福祉等サービス固有（ 図1 及び本シリーズ①参照）と認められるサービスについては利用が可能です。）

しかし、生活保護受給者が医療保険に加入していない40歳以上64歳以下の「みなし2号」である場合、生活保護法の「補足性の原理」により、介護保険法よりも障害者総合支援法に基づく給付が優先されます。介護保険サービスの利用は、障害者総合支援法のサービスが不足する場合にのみ、利用することができます。担当する利用者が介護保険被保険者なのか、みなし2号なのか、事前に把握しておくことが必要です。

田中さんの場合は、医療保険未加入の生活保護受給者であるため、「みなし2号」であり、これまでは障害者福祉等サービスによる居宅介護を受けていました。

事例の経過

　相談支援専門員から連絡を受け、ケアマネジャーが田中さんと面識のある福祉事務所のケースワーカーと共に田中さん宅を訪問しました。「現在は落ち着いているが、統合失調症により、対人関係において不安を抱きやすい」という点も考慮してのことです。田中さんは、以前より相談支援専門員や福祉事務所のケースワーカーから、65歳になると障害福祉等サービスから介護保険サービスへ移行することを口頭や書面で説明されており、状況は理解していました。しかし、話を聞いていると、介護保険に移行することで自己負担が増えてしまうのではないか、今と同様なサービスが受けられるのか、相談支援の担当者やホームヘルパーが変わってもうまく関係性を築いていけるのか、などという不安を抱いていることがわかりました。

　また、田中さんは脳梗塞の後遺症として、左半身の麻痺がありました。ADLに関しては、歩行、食事、排泄はほぼ自立していましたが、入浴には一部介助が必要な状態です。さらに、買い物や食事の準備、掃除、洗濯、服薬管理などのIADLは一人で行うことが困難であることがわかりました。ケアマネジャーは時間をかけて説明したのち、今後も現在の生活を継続させるためには、介護保険移行のための手続きを行う必要があると納得してもらうことができました。その後、田中さん本人に福祉事務所にて介護保険の申請手続きを行ってもらい、約1カ月後、要介護1の介護認定が通知されました。

■福祉事務所との連携のポイント

- 障害福祉等サービスから介護保険サービスへの円滑な移行を行うため、福祉事務所（または相談支援専門員）に、利用者への介護保険申請の案内や移行についての説明、同行訪問等の依頼が必要となる場合がある。
- 就労継続支援B型のように就労を目的としたサービスを利用する場合は、工賃が発生する場合がある。工賃は一定の額（基礎控除額）を超えると、生活保護費の支給額が減額されるため、福祉事務所との連絡調整が必要となる。

Case 4 生活保護受給者が65歳になり、障害福祉等サービスから介護保険サービスへ移行する場合の手続きは？

ケアマネジャーの悩み

障害福祉等サービスから介護保険に移行する利用者のケアプランを作成するのは初めてです。どのようなことに気を付けたらよいでしょうか？

問題解決のためのアドバイス

　まずは、利用者自身のこととその障害の特徴を理解することが重要です。そのうえで、その方のニーズを整理します。障害福祉等サービスを利用していた場合、相談支援専門員は支援経過の記録や「サービス等利用計画」といった情報を持っているため、利用者本人の同意のもと、適切に連携を図り、情報を得ることが重要です。

　また、利用者の希望によっては、障害福祉等サービス固有のサービスをケアプランに組み込む場合もあるので、障害福祉等サービスの特徴やサービス内容、障害福祉等サービスの相談窓口（市町村障害福祉課窓口、相談支援事業所、支援センター等）を知っておくことも必要です。

本シリーズ①『そうだったのか！仕組みがわかる・使える障害者福祉』の **Step 1** では、障害福祉等サービスから介護保険サービスへの移行支援において、ケアマネジャーに求められることがまとめられています。障害のある利用者のニーズや、介護保険への移行に対する不安をどのように受け止め、ケアプラン作成に活かしていくのかが記載されています。また、支援に困った際に、障害福祉サービス機関や相談支援専門員とどのように連携を図るかも述べられていますので、ご参照ください。

事例の経過

　ケアマネジャーは、田中さんのケアプラン作成に向け、今後利用するサービスを確認するために、サービス担当者会議の開催を計画しました。構成メンバーは、田中さん、ケアマネジャー、相談支援専門員、福祉事務所のケースワーカー、訪問看護担当看護師です。

　田中さんと妹の「できる限り現在の生活を継続したい」というニーズに基づき、まずは、現在利用している障害福祉等サービスと介護保険サービスで、それぞれどのサービスを利用していくかの確認が行われました。現在、利用している居宅介護（家事援助）と訪問看護は、今後も継続していくこととなりました。訪問看護は、介護保険の訪問看護サービスを利用し、これまでと同じ病院からサービスを受けることができますが、居宅介護については、田中さんが住んでいる地域の事業所に障害福祉等サービスの居宅介護と介護保険サービスの訪問介護両方の指定を受けている事業所（「共生型サービス」（＊））がないため、新たな事業所からサービスを受けることになりました。

　また、就労継続支援Ｂ型事業所の利用について、ケアマネジャーは、田中さんはまもなく65歳という年齢であることや、脳梗塞の後遺症の麻痺による体力の負担も考慮し、入浴等の介護も受けられる介護保険の通所リハビ

注＊　共生型サービスとは、高齢者と障害児者が同一の事業所でサービスを受けやすくするため、介護保険法・障害者総合支援法・児童福祉法にまたがって位置付けられたサービスである。障害福祉サービス利用者が65歳を迎えた場合、介護保険法に相当するサービスがある場合は、原則介護保険サービス利用が優先されるため、なじみの事業所を利用し続けられないという課題があった。そのため、障害福祉サービス事業所等であれば、介護保険事業所の指定も受けやすくする特例（逆も同様）を設け、「共生型サービス事業所」を新設した。対象サービスは、デイサービス、ホームヘルプ、ショートステイとなっている。

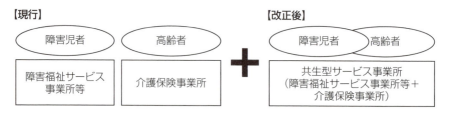

出典：『第153回社会保障審議会介護給付費分科会資料』厚生労働省、2017年、一部改変

Case 4 生活保護受給者が65歳になり、障害福祉等サービスから介護保険サービスへ移行する場合の手続きは?

リテーションの利用を検討してはどうかと提案しました。それに対し、田中さんはしばらく考えた後、現在の事業所へ通い続けたいという思いと「就労」への気持ちを話してくれました。この田中さんの発言により、今後もこれまでと同じ就労継続支援B型事業所の利用を継続することにしました。

田中さんは、これまでの障害福祉等サービスによる居宅介護から介護保険サービスの訪問介護に移行し、担当のヘルパーも変わることに不安があるようでしたが、これまでとほぼ変わらないサービスを受けることができるとわかり、少し安心した様子でした。今後は、介護保険サービスと障害福祉サービスの両方を利用しながらの生活となるため、それぞれのサービスの効果や変更の必要の有無について、ケアマネジャーと相談支援専門員が定期的に連絡調整を行いながら連携を図っていくことが確認されました。また、田中さんの精神面のケアについては、これまで継続的に関わっていた訪問看護担当看護師と連携を図っていくことが確認されました。

問題解決のためのアドバイス

　介護保険サービスが障害福祉等サービスより優先されることについては前述のとおりですが、田中さんはいわゆる「みなし2号」であったため、これまで障害福祉サービスによる居宅介護を利用してきました。しかし、65歳を迎え、第1号被保険者となることで介護保険サービスが優先となり、訪問介護サービスと訪問看護サービスの利用が開始されることになりました。今回の田中さんの事例では、介護保険サービスの訪問介護と障害福祉等サービスの居宅介護を一体的に提供している事業所がなかったため、これまでとは違う事

問題解決のためのアドバイス

業所からのサービスを受けることとなりました。2018（平成30）年4月より、両サービスを一体的に提供することでなじみの関係の中でサービス提供を継続できる「共生型サービス」が創設されています。しかし、本事例のようにその地域に「共生型サービス」の事業所が無い場合には、事業所やホームヘルパーが変更になるため、利用者と事業所・ホームヘルパーとの関係性の構築に向けたサポートも十分に行うことが必要です。特に今回の田中さんのように、精神疾患のある利用者は、他者との関わりに自信を失っていたり、生活が変化することに不安を抱き、新しいことに対応するのに時間が掛かる場合があります。

　ケアマネジャーは田中さんの不安をよく聞き、新たなホームヘルパーとの関係を構築できるように努めることも必要です。これまで利用していたサービスを継続利用する場合でも、利用者とその事業所・専門職との関係性や利用者の障害特性に合わせたサービスを定期的に見直すことも大切です。また、移行への準備をいつ始めるのかも重要な視点となります。利用者により、移行に必要となる時間は異なりますので、日頃から相談支援事業所や相談支援専門員との連携体制を作っておくことも必要となるでしょう。

Case 4 生活保護受給者が65歳になり、障害福祉等サービスから介護保険サービスへ移行する場合の手続きは？

 まとめ・解決のポイント

　田中さんの場合、65歳という年齢と脳梗塞後遺症による半身麻痺があるため、今後、筋力や体力の低下に伴い、現在利用している就労継続支援B型事業所での作業ができなくなるかもしれないことを視野に入れておく必要があります。そうなった際にどうするかを関係者と検討しておくとともに、「就労したい」という田中さんの気持ちに十分配慮をしつつ、就労継続支援B型以外の障害福祉等サービス（生活介護等）や介護保険による通所施設についての説明をしておくことも重要です。加えて、現在は落ち着いている統合失調症の症状が再発した場合はどのように支援していくのか、医療関係者や福祉事務所のケースワーカー、相談支援専門員とあらかじめ検討しておくことも必要になります。

　65歳を迎える障害者の介護保険移行やケアプランの作成、障害福祉サービスとの併用を円滑に行うために、ケアマネジャーと相談支援専門員の連携が求められています。しかし、『「相談支援専門員と介護支援専門員との連携のあり方に関する調査研究事業」報告書』によると「相談支援専門員と介護支援専門員がお互いを知らない」、「自身に、相手の制度理解、サービス内容に関する知識が不足している」などの課題があるといわれています。ケアマネジャーは、介護保険移行の相談に備え、日頃から、障害福祉等サービスに関する相談ができる場所の理解・把握や連携先の開拓を行っておくことが大切です。

【引用・参考文献】
・『仕事がはかどるケアマネ術シリーズ①そうだったのか！仕組みがわかる・使える障害者福祉』第一法規、2016年
・『「精神障害者に対する効果的福祉サービスのあり方に関する研究」総合研究報告書』国立精神・神経センター 精神保健研究所、2006年
・『世田谷区の障害者相談支援のための計画相談マニュアル Version2.1』世田谷区自立支援協議会／世田谷区、2019年
・『第153回社会保障審議会介護給付費分科会資料』厚生労働省、2017年
・『「相談支援専門員と介護支援専門員との連携のあり方に関する調査研究事業」報告書』株式会社三菱総合研究所、2018年

監修者・著者紹介

【監修】

六波羅　詩朗（ろくはら　しろう）
目白大学大学院生涯福祉研究科長、人間学部人間福祉学科教授

【著者（50音順）】

●金子　　充（かねこ　じゅう）
　明治学院大学社会学部社会福祉学科教授
　解説編 Step 2　5　生活保護についての相談機関と連携のポイント
　解説編 Step 3

●中村　孝幸（なかむら　たかゆき）
　社会福祉法人聖風会ゆうあいの郷・六月　足立区地域包括支援センター六月センター長
　ケーススタディ編 Case 1・2・3

●久田　はづき（ひさた　はづき）
　目白大学人間学部人間福祉学科助教
　ケーススタディ編 Case 4

●六波羅　詩朗
　解説編 Step 1
　解説編 Step 2　1　生活保護制度の歴史
　　　　　　　　 2　生活保護制度の目的と仕組み
　　　　　　　　 3　生活保護の種類と内容
　　　　　　　　 4　生活保護の決定過程と保護の実施
　コラム　生活保護の用語の定義
　　　　　医療扶助の実施と指定医療機関
　　　　　介護扶助の仕組み

サービス・インフォメーション
──────────────────────通話無料──
①商品に関するご照会・お申込みのご依頼
　　　　　　　TEL 0120(203)694 ／ FAX 0120(302)640
②ご住所・ご名義等各種変更のご連絡
　　　　　　　TEL 0120(203)696 ／ FAX 0120(202)974
③請求・お支払いに関するご照会・ご要望
　　　　　　　TEL 0120(203)695 ／ FAX 0120(202)973

●フリーダイヤル(TEL)の受付時間は、土・日・祝日を除く
　9：00〜17：30です。
●FAXは24時間受け付けておりますので、あわせてご利用ください。

仕事がはかどるケアマネ術シリーズ②
改訂版　これでバッチリ！生活保護
　―利用者サポートのための連携と手続き―

2019年8月25日　初版発行

監　修　　六 波 羅 詩 朗

発行者　　田　中　英　弥

発行所　　第一法規株式会社
　　　　　〒107-8560　東京都港区南青山2-11-17
　　　　　ホームページ　https://www.daiichihoki.co.jp/

ブックデザイン　株式会社エディット

ケアマネ生保改　ISBN978-4-474-06828-5　C2036 (8)